반전이 있는
베트남사

완전이 않는 베트남사

가깝고도 낯선,
작지만 강한 나라
베트남 이야기

권재원 지음

다른

동남아시아의 떠오르는 별,
베트남

요즘 베트남은 말 그대로 '핫'하다. 베트남은 우리나라 사람들이 가장 많이 찾는 여행지 중 하나다. 또한 우리나라 기업들이 제일 많이 투자한 나라 2위이며(1위는 중국이다) 베트남에 진출한 기업이 가장 많은 나라 역시 우리나라다(한국수출입은행, 2018). 더욱이 2019년 2월에는 2차 북미 정상 회담이 베트남의 수도 하노이에서 열리기도 했다.

베트남 사람들이 우리나라로 많이 오기도 한다. 다문화 사회로 바뀌고 있는 우리나라에 베트남은 중국에 이어 두 번째로 많은 사람이 온 나라다(통계청, 2018). 이주 노동자도 많고, 결혼 이민자도 많다. 현재 유·초·중·고 다문화 가정 학생의 30퍼센트가 베트남인과 한국인의 국제결혼으로 태어난 아이들이다(교육통계서비스, 2018).

그럼에도 우리는 정규교육 과정에서 베트남에 대해 제대로 배우지 못한다. 동남아시아의 한 부분으로 잠깐 스쳐 지나갈 뿐이다. 그나마 서점에 나와 있는 베트남 관련 책들도 여행 안내서, 투자나 창업 관련 서적, 또는 대학 교재가 전부다. 이래저래 배울 기회가 없다. 제대로 배우지 않으니 잘못된 통념과 선입관이 자리 잡는다. 이는 앞으로 우리의 중요한

동반자가 될 나라에 대한 예의가 아니다.

　더욱이 우리나라는 이 나라에 전쟁과 학살이라는 아프고 부끄러운 흔적을 남기지 않았던가. 다행히도 피해 당사자인 베트남 사람들은 과거는 과거일 뿐이라며 오히려 우리나라 가요나 드라마를 매우 좋아하고, 축구 국가대표팀 감독의 조국이라며 고마움까지 표현한다.

　우리는 베트남 사람들과의 관계를 더 발전시키기 위해 베트남에 대해 더 많이 공부하고 알아야 한다. 그래서 이 책을 쓴다. 청소년들이 베트남에 대한 균형 잡힌 지식을 쉽고 재미있게 얻을 수 있는, 그러면서도 너무 방대하지 않은 분량의 책 한 권이 필요해서다. 나아가 조만간 10만 명을 넘어설 베트남 출신 다문화 가정 청소년들도 생각했다. 한국인으로 살아가면서도 베트남인으로서의 정체성을 간직하고자 하는 이들에게 어버이 나라의 문화와 역사를 알게 해 줄 한국어 책을 건네고 싶었다. 아무쪼록 이 책이 베트남에 대한 선입관을 없애고 장차 두 나라가 함께 번영하는 데 기여했으면 하는 마음이다.

- '베트남'의 현지 발음은 '비엣남'이지만, 국립국어원 외래어 표기법에서 베트남만을 인정하고 있으므로 이를 그대로 사용한다. 다만 현재 베트남민주공화국을 지칭하는 이외에는 '비엣'이라는 원어 발음을 사용한다. 예) 비엣족, 남비엣, 다이비엣, 비엣민 등.

- 베트남은 19세기 중반까지 한자를 사용했다. 그러나 오늘날은 알파벳 중 26자를 활용해 표기하고 있다. 베트남의 지명, 인명이 대부분 한자에서 비롯되었지만 한자 대신 오늘날 사용하는 문자를 병기한다. 다만 근대 이전 베트남의 문헌 중 원문 자체가 한문인 경우는 한자를 병기하고 우리식 한자 발음으로 읽는다.

- 중국의 역대 왕조 시절의 국명, 지명, 인명은 우리식 한자 발음으로, 신해혁명 이후의 경우는 중국 보통화 발음으로 표기한다. 예) 조조, 손권, 유비, 쑨원, 장제스, 마오쩌둥, 덩샤오핑 등.

- 중국의 역대 왕조의 이름은 뒤에 '~나라'를 붙이는 것이 일반적인 용례이기 때문에 이를 따른다. 예) 당나라, 명나라 등.

우리가 잘 몰랐던,

진짜
베트남

베트남의 국호는
베트남이 아니다

베트남 현지인들에게 '베트남'이라고 하면 잘 알아듣지 못하거나 알아듣더라도 그다지 좋아하지 않는다. 정확한 나라 이름은 '비엣남Việt Nam'이다 (실제 발음은 '벳난'처럼 들린다). '비엣'은 한자 월越의 베트남식 발음이며, '남'은 한자 남南이다. 그렇기 때문에 우리나라에서는 한자식 이름인 '월남'으로 부르는 경우도 많다. 물론 베트남 사람들은 월남이라고 해도 전혀 알아듣지 못한다.

비엣이라는 이름의 유래는 수천 년 전으로 거슬러 올라간다. 대한민국을 이루는 민족이 한민족이듯, 베트남 인구의 대부분을 차지하는 민족을 비엣Việt족이라고 한다. 하지만 비엣남이라는 이름의 역사는 300여 년에 불과하다. 그 이전에는 '남비엣Nam Việt', 즉 남월南越 또는 '다이비엣Đại Việt', 즉 대월大越이라는 이름을 주로 사용했다.

사실 비엣남이 난데없이 베트남으로 바뀐 이유는 정확하게 알려져 있지 않다. 받침(종성)을 잘 발음하지 못하는 일본인들이 비엣남을 '베토나무ベトナム'라고 표기한 데서 온 게 아니냐 추측할 뿐이지만 이 역시 확실하지는 않다.

그러나 이미 '베트남'이라는 이름이 한국어로 굳어 버렸으므로 혼동을 막기 위해 이 책에서도 베트남이라는 이름을 사용한다. 다만 민족을 지칭할 때는 비엣족이라 하고, 이 나라에 존재했던 옛 왕조를 표기할 때는 남비엣(남월), 다이비엣(대월) 등으로 표기한다. 참고로 중국에서는 월남을 중국식으로 발음해 '위에난'이라고 하며, 중국의 영향을 많이 받은 북한에서는 '위엣남'이라고 한다.

월남은
패망하지 않았다

어느 전직 대통령이 "요즘같이 안보에 무관심하면 월남처럼 패망할 수 있다"라고 말해 사회적으로 큰 물의를 일으킨 적이 있다. 그 대통령이 이처럼 결례가 되는 발언을 한 까닭은 베트남전쟁 당시 우리나라가 남베트남만을 베트남 정통 정부로 인정해 월남이라 불렀고 북베트남은 월맹이라 불렀기 때문이다. 한동안 대만을 자유중국이라 부르고 중국을 중공이라 불렀던 것과 같다. 그 시절 사춘기를 보낸 이 전직 대통령에게 월남은 남베트남이었을 것이다.

하지만 틀렸다. 월국이 남북으로 분단되어 그 남쪽은 월남, 북쪽은 월맹이 된 것이 아니다. 베트남전쟁 당시에는 남북 모두 베트남, 즉 월남이었나. 다만 북쪽은 베트남민주공화국, 남쪽은 베트남공화국이라 불렸을 뿐이다. 군이 월남이라는 이름을 고집한다면 월남민주공화국과 월남공화국이 싸웠고, 월남이 패망한 것이 아니라 월남공화국이 패망해 월남민주공화국으로 통일된 것이라고 해야 한다.

베트남은
동남아시아 문화권이 아니다

베트남은 흔히 생각하는 동남아시아권 국가들과 상당히 다른 나라다. 우선 문화적으로 베트남은 동아시아 문화에 속하는 나라다. 수천 년간 한자를 사용했고, 사서삼경四書三經과 같은 유교 경전을 필수 교양으로 삼았으며, 과거제도를 통해 관리를 뽑았다. 조선 사신과 베트남 사신이 청나라에서 한자로 자유롭게 의사소통을 할 수 있는 정도였다. 이처럼 유교적 사고방식과 문화가 강한 베트남에 동남아시아를 특징짓는 소승불교, 힌두교, 이슬람교 관련 문화는 거의 발달하지 않았다. 바로 옆 나라 캄보디아의 대표 유적인 앙코르와트 같은 힌두교 유적은 베트남이 멸망시킨 고대 국가 참파 왕국의 유적 외에는 찾아보기 어렵다. 오히려 우리나라, 중국, 일본과 마찬가지로 기와지붕을 얹은 불교 사찰을 더 쉽게 찾아볼 수 있다. 군주정 시절 황제의 궁전도 중국 자금성, 우리나라 경복궁과 비슷하게 생겼다. 명절도 다른 동남아시아 국가들과 달리 설, 청명, 단오, 추석 같은 동아시아의 전통 명절을 따른다. 그 날짜 역시 우리처럼 음력 달력을 기준으로 한다.

구성원들 또한 유전적으로 동남아시아보다 동아시아에 가깝다. 베트남 인구의 대부분을 차지하는 비엣족(낀족)은 일본인, 대만인, 만주족을 비롯해 한국인과 가장 닮은 민족 중 하나다. 우리 민족과 유전적으로 매우 가깝다고 여겨지는 몽골인보다도 더 닮았다.

물론 베트남은 남북으로 2,000킬로미터가 넘는 큰 나라이기 때문에 비엣족 외에도 수많은 소수민족이 살고 있다. 몽족, 산족, 참파족, 크메르족 등 소수민족이 54개나 된다(54개 민족의 인구를 다 합쳐도 전체 인구의 15퍼센트밖에 되지 않으니 각 민족의 인구는 많아야 30만 명을 넘지 않지만). 이들은 비엣족에게 학살당해서가 아니라 결혼과 같은 자연스러운 과정을 통해 동화되면서 점점 줄어들었다. 그래서 남쪽으로 내려가면 비엣족과 이들 소수민족의 모습이 섞여서 좀 더 동남아시아인의 얼굴에 가까운 베트남 사람들을 볼 수 있다.

베트남도
전쟁에 진 적이 있다

1970년대 우리나라는 미국의 요청으로 베트남전쟁에 참전했다. 국군 5,000명 이상이 전사할 만큼 치열하게 교전했지만 승리하지는 못했다.

이 전쟁에서 베트남은 세계 최강 미국을 역사상 처음으로 물리친 나라가 되었고, 지금까지도 베트남전쟁은 미국이 승리하지 못한 유일한 전쟁으로 남아 있다. 그래서 베트남 하면 강대국과 싸워 지지 않는 강인한 나라라는 인상이 자리 잡았다.

실제로 베트남이 강대국들을 상대해 온 항전의 역사는 대단하다. 베트남의 역사를 3,000년 정도로 잡는다면 그중 중국, 몽골, 프랑스, 미국 등 강대국과 맞서 싸우지 않았던 기간은 400년이 채 되지 않는다. 게다가 베트남은 이들을 모두 물리쳤다. 세계를 정복했던 몽골제국과 끝까지 싸워서 물리친 몇 안 되는 나라이며, 서양 열강의 식민지 통치를 받았던 나라들 중 스스로 싸워서 독립을 쟁취한 최초의 나라다. 최전성기의 미국을 물리쳤으며, 베트남전쟁 이후에는 중국과 싸워 승리했다. 자랑할 만한 역사다.

그런데 자세히 살펴보면 강대국에게 거둔 영광스러운 승리만큼이나 외세의 지배를 받은 수치스러운 기억도 많다. '비엣'이라는 이름부터가 중국인인 조타趙佗가 베트남의 최초의 나라인 어우락Âu Lạc 왕국을 정복하고 세운 '남비엣'에서 비롯되었다. 또한 한나라에서 5대 10국 시대에 이르기까지 거의 1,000년간 중국의 행정구역(까오치, 안남 등)에 편입되어 지배를 받았고, 프랑스의 식민 지배도 60년간이나 받았다.

아오자이는
베트남 전통 의상이 아니다

치마처럼 발목까지 내려오는 길이에 밑에서 허리까지 양옆으로 길게 트인 상의를 입고 그 속에 하늘거리는 바지를 입는 '아오자이Áo dài'는 베트남을 대표하는 이미지 중 하나다. 여성의 몸매를 가장 아름답게 돋보이도록 만드는 옷이라며 세계적으로도 호평을 받고 있다. 베트남항공을 비롯해 베트남을 상징하는 기업은 어디나 직원들이 아오자이를 유니폼으로 사용한다. 우리나라 관광객들도 베트남에 가면 아오자이를 한 벌씩 맞춰 입곤 한다. 베트남의 많은 고등학교가 하얀색 아오자이를 교복으로 사용한다.

그런데 놀랍게도 이 아오자이는 베트남 전통 의상이 아니다. 아오자이는 청나라와 교류하면서 만주족의 의상인 치파오旗袍가 베트남에 전파되어 만들어진 것으로 알려져 있는데, 그 시절의 아오자이는 온몸을 다 가리면서도 여성의 몸매를 아름답게 드러내는 오늘날의 스타일과 거리가 멀다. 품이 넓은 바지 위에 옆이 트인 긴 저고리를 입은 것에 불과했다.

우리에게 익숙한 아오자이의 날렵한 디자인은 1935년 깟 뜨엉Cát Tường이라는 디자이너가 치파오와 베트남 전통 의상, 거기에 프랑스식 의상까지 뒤섞어 만들어 낸 것이다. 그나마 베트남전쟁 이후 공산당에게 철퇴를 맞았다. 여성의 몸매를 성적 대상화해 인민의 건전한 사상을 망치는 자본주의식 퇴폐 복장으로 낙인 찍혔기 때문이다. 그래서 아오자이는 1970년대부터 1980년대까지 베트남에서 아무도 입지 않는(입을 수 없는)

아오자이 차림의 베트남 여학생들

옷이 되었다.

그런 아오자이가 베트남 전통 의상으로 둔갑한 까닭은 공산당의 탄압을 피해 서방세계로 망명한 베트남 디자이너들이 아오자이를 널리 알린 덕분이다. 그러다 1990년대 들어 베트남이 개혁·개방정책을 펼치면서 아오자이에 대한 베트남 사람들의 인식이 달라지기 시작했다. 아오자이가 베트남의 긍정적인 이미지에 도움이 된다고 판단한 공산당이 아오자이 착용을 적극 권장한 것이다. 이제 아오자이는 관공서 직원들이 유니폼처럼 입고, 공산당이나 정부의 간부들도 예복으로 사용하는 옷이 되었다. 이 모든 것이 지난 30년 만에 일어난 현상이다.

베트남에서

조심해야 할 것들 1

● 자존심

베트남 사람들은 대체로 순하고 친절하다. 화를 내는 경우도 많지 않다. 그러나 자존심이 상하면 성난 호랑이로 돌변한다. 특히나 가족, 친구, 동료 들이 보는 앞에서 질책하거나 비난하면 본인이 잘못했어도 공격적으로 반응하며 가족, 친구, 동료가 거기가세할 수 있다. 게다가 이들의 자존심에는 조국 베트남에 대한 자긍심까지도 포함되어 있다. 그러니 관광을 가서 베트남을 비하하고 무시하는 말을 했다가는 큰 화를 입을 수 있다. 의외로 우리말을 잘 알아듣는 현지인이 많으니 유의하자. 마찬가지로 애초의 잘잘못이 무엇이든 큰소리를 치거나 욕을 하면 원래 사건의 시시비비는 사라지고 큰소리친 잘못만 거론된다. 아무리 상대가 잘못을 저질러도 큰소리치거나 욕하는 것은 상대를 무시하는 행동이기 때문이다. 한국에서는 목소리 큰 사람이 이긴다지만, 베트남에서는 먼저 목소리 키운 쪽이 진다.

● 신체 접촉

자존심 강한 사람들이 으레 그렇듯 베트남 사람들은 다른 사람이 자신의 영역을 침범하는 것을 무척 싫어한다. 마찬가지로 눈을 마주치며 뚫어지게 바라보는 것도 좋아하지 않는다. 너무 가깝게 다가붙거나 몸에 손을 대는 행위, 특히 어깨에 손을 얹는 행위는 굉장히 모욕적인 행위로 여긴다. 이성에게는 물론 동성의 어깨 위에 손을 얹어도 주먹싸움이 날 수 있다. 심지어 아버지가 자녀를 목말 태우지도 않는다. 어린 자녀라도 감히 아버지의 어깨에 앉을 수 없기 때문이다. 또 대화할 때 시선을 맞추지 않는 것은 무시하는 것이 아니라 오히려 어른 대접하는 것이니 오해하지 말자.

● 평등주의 문화

베트남은 유교 문화권인 동시에 사회주의국가이기도 하다. 따라서 우리 기준으로 보면 위아래 없는 사람들로 느껴질 수 있다. 손아랫사람이 버릇없게 군다고 기분 나빠하지 말고, 손윗사람에게도 너무 깍듯하게 굴지 않아야 한다. 이러한 태도는 거리를 두는 것으로 비춰질 수 있다.

주임님, 과장님, 본부장님 등 수많은 직급별, 직책별 호칭이 있는 우리나라와 달리 베트남에서는 자신보다 손위의 남자는 모두 아인anh, 손위의 여자는 찌chi라고 부른다. 그리고 자신보다 손아래는 남녀 구별 없이 모두 앰em이라고 한다. 아인, 찌, 앰은 1인칭 주어로도 사용된다. 만약 상대방의 나이가 너무 많거나 지위가 너무 높아서 형, 오빠, 누나, 언니라고 부르기 부담스러우면 남자는 삼촌에 해당되는 쭈chú 또는 큰아버지라를 뜻하는 박bác, 여자는 고모라는 뜻의 꼬cô로 부른다. 비유하자면 총리 공관을 방문했을 때 나이 많은 경비원도 박, 지체 높은 총리도 박이다.

하지만 이런 수평적인 문화 속에서도 깍듯한 대접을 받는 사람들이 있다. 바로 학교 교사들이다. 베트남 학생들은 수업을 시작할 때 모두 자리에 일어서서 교사에게 인사하며, 교사가 아무리 젊더라도 선생님이라는 뜻의 떠이thầy, 꼬(여선생님인 경우)라고 부르지 형, 누나 등으로 부르지 않는다.

알수록 재미있는,

베트남
이모저모

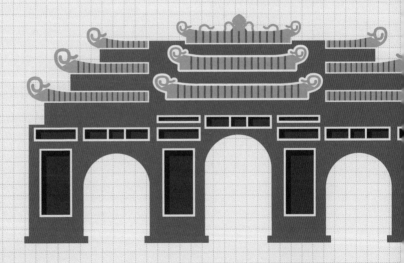

세로로 길쭉한
국토

베트남은 총면적이 33만 평방킬로미터로, 우리나라 면적의 네 배나 되는
큰 나라다. 더구나 국토가 가로로 좁고 세로로 아주 길어서 북쪽 끝에서
남쪽 끝까지 서울과 부산간 거리의 다섯 배인 2,000킬로미터가 넘는다.

이 길고 넓은 베트남은 58개 성과 5개 직할시로 구분되는데, 우리나
라로 치면 성은 도, 직할시는 광역시에 해당된다. 직할시는 수도인 하노이
Hà Nội, 베트남 최대 도시인 호찌민Hồ Chí Minh, 그리고 하이퐁Hải Phòng, 다낭
Đà Nẵng, 껀터Cần Thơ다.

그런데 58개 성이 모두 그 나름의 특징을 가지고 있는 것은 아니기
때문에 마치 우리나라에서 호남 지방, 영남 지방으로 지역을 가르듯 베트
남 역시 비슷한 환경과 문화를 가진 8개 지역으로 국토를 분류한다.

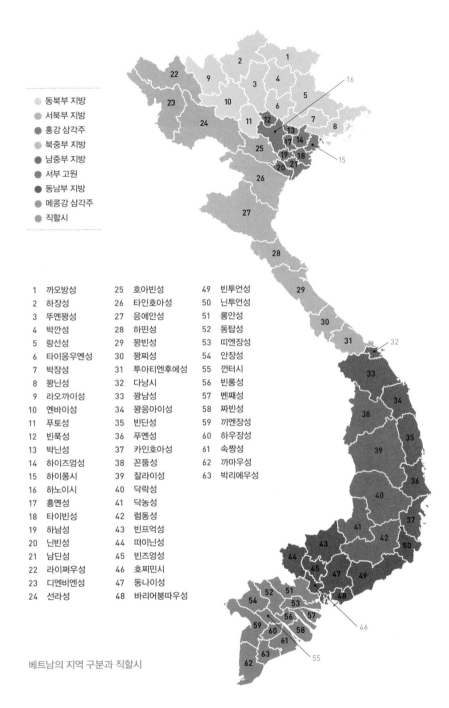

베트남의 지역 구분과 직할시

베트남의 영토는 마치 아령처럼 생겼다. 북쪽과 남쪽 각 끝부분은 두툼한 데 비해 그 중간은 아령의 손잡이처럼 얇다. 이 중 북쪽의 두툼한 영토가 베트남의 발상지다. 역사적으로도 수천 년간 베트남이라 하면 이 지역을 가리키는 말이었다. 이 지역의 핵심은 중국 윈난성에서부터 흘러온 홍강이 만들어 낸 비옥한 삼각주다.

우리나라 고조선 시대에 이미 이 지역에는 남비엣이라는 나라가 세워져 있었다. 남비엣은 이 동북부 지역과 오늘날 중국의 광시성, 광둥성 지역에 이르는 큰 나라였다. 즉 베트남은 우리나라만큼 역사와 전통이 유구한 나라다. 오히려 베트남의 건국신화는 요임금 즉위년에 맞춰진 우리나라 단군신화보다도 훨씬 더 이전인 신농씨神農氏(중국 신화 속 삼황 중 한 명) 시대까지 거슬러 올라간다.

남비엣은 한나라 무제에 의해 멸망했는데 이는 우리나라 고조선이 멸망한 무렵과 비슷하다. 한 무제는 고조선을 합병해 4개 군을 설치한 것과 마찬가지로 남비엣을 합병해 7개 군을 설치했다. 이후 광시, 광둥이 중국의 영토로 완전히 굳어지면서 비엣족은 홍강 삼각주 지역을 중심으로 중국에 대항했고, 기어코 나라를 다시 세웠다. 1600년대까지도 베트남이라 하면 이 지역을 일컫는 말이었고, 지금 베트남 인구의 대부분은 이 지역 출신들이 남쪽으로 내려가 정착한 비엣족(낀kinh 족이라고도 한다)이다.

북중부 지역: 마지막 황제가 살았던 곳

베트남 역사의 대부분은 동북부 지역을 중심으로 하고 있지만 유독 베트남의 마지막 왕조인 응우옌Nguyễn 왕조는 북중부 지역의 후에Huế를 수도로 삼았다. 응우옌 왕가는 전통적인 베트남 중심지인 홍강 유역에 수도를 정하는 대신 자신들의 본거지인 후에를 수도를 삼으며 이곳에 대규모 궁전을 지었다. 지금도 후에를 중심으로 하는 북중부 지역에는 제국의 유적이 많이 남아 있다.

남중부 지역: 참파 왕국의 영광과 몰락의 현장

남중부 지역은 한국인이 베트남에서 가장 많이 찾는 도시인 다낭을 중심으로 꽝남Quảng Nam성 일대를 아우른다. 이곳은 17세기에 이르기까지 베트남과 무관한 지역이었다. 이 지역은 오랫동안 참파 왕국의 영토였다.

참파는 2세기부터 19세기까지 무려 1,600년 이상 베트남의 남중부와 남부에 위치해 있던 나라다. 그렇다고 해서 베트남과 참파가 우리나라의 고구려, 백제, 신라 같은 관계는 아니다. 아예 민족이 다르다. 비엣족이 우리와 비슷한 몽골리안인 반면, 참파를 세운 참chăm족은 말레이인의 한 갈래로 타이완, 필리핀, 인도네시아 등지에 퍼져 있는 오스트로네시아나 멜라네시아 계통이다. 문화와 언어도 전혀 달라, 비엣족이 한자를 사용하고 대승불교와 유교를 정신적 기반으로 하는 동아시아 문화권에 속해 있다면 참족은 소승불교와 힌두교 중심의 남아시아 문화권에 속해 있다.

원래 참파는 오늘날의 베트남 중부, 남부 지방 해안가에서 중국과 동남아시아, 남아시아를 오가며 중계무역을 하여 살아가던 해상 민족이었다. 그러다 7세기 무렵부터 영토를 확장해 나가 북쪽에 있던 베트남과 자주 충돌했다. 두 나라 간의 대립은 거의 1,000년간 계속되었다.

그러나 16세기 이후 두 나라 사이의 균형추가 점점 베트남 쪽으로 기울었고, 끝내 응우옌 왕조 시절에 이르러 참파는 베트남에 완전히 합병되고 말았다. 참족 역시 점점 그 수가 줄어들었다. 비엣족과 섞이면서 혈통이 모호해진 것이다. 오늘날까지 남아 있는 참족은 13만 명 정도에 불과하다. 중국식 건물이 많은 북부 베트남과는 확연하게 구별되는 앙코르와트 스타일의 유적들, 그리고 남중부 사람들의 가무잡잡한 피부와 두툼한·입술 등 그 외모에서 참족의 흔적이 남아 있을 뿐이다. 다낭을 경계로 북쪽 사람들은 홍콩, 대만 사람들과 비슷해 보이는 반면, 남쪽 사람들은 필리핀, 말레이시아 사람들과 비슷해 보인다.

동남부 지역: 경제의 중심

베트남 정치의 중심이 동북부 지역이라면 경제의 중심은 동남부 지역이다. 그래서 동북부 지역에는 수도 하노이가 있고, 동남부 지역에는 최대 도시 호찌민이 있다.

베트남 동남부 지역은 원래 캄보디아의 영토였다. 호찌민의 원래 이름도 캄보디아 말로 '프레이노코르Prei Nokor'였는데, 그땐 오늘날과 같은 대도시가 아니라 주변이 온통 늪지대인 작은 어촌 마을에 불과했다. 한마디로 쓸모없는 땅이었다. 이 지역이 베트남 영토가 된 과정은 알고 보면 좀 배은망덕하다.

17~18세기 레^{Lê} 왕조 시대, 베트남은 어수선했다. 왕조는 허울뿐이었고 중부 지역의 응우옌씨와 북쪽의 찐^{Trịnh}씨가 권력을 다투는, 사실상 분단 상황이었다. 기나긴 내전을 피해 많은 베트남 주민이 찐씨도 응우옌씨도 없는 남쪽으로 내려오다 이 쓸모없는 늪지대에 정착했다. 별로 중요하지 않은 땅이기에 캄보디아 왕은 베트남 난민들의 정착을 허용했다. 이후 이주민의 수가 폭발적으로 늘어났고, 또 그 무렵 만주족 청나라의 통치를 거부한 한족도 대거 이주하면서 이 지역은 점점 캄보디아 왕국의 통제력에서 벗어났다.

당시 비엣족과 한족은 모두 한문을 사용했기 때문에 프레이노코르, 즉 오늘날의 호찌민을 한자로 '西貢(서공)'이라 표기했는데, 이 한자의 베트남식 발음이 바로 '사이공^{Sàigòn}'이다. 그리고 내전의 승자가 된 응우옌 왕조는 아예 대놓고 베트남 관리를 사이공으로 보내 베트남 영토로 편입시킨 뒤 캄보디아 관리들을 쫓아냈다. 물에 빠진 사람 건져 냈더니 보따리 빼앗아 간 격이지만 쓸모없는 늪지대를 번듯한 대도시로 개척한 사람들이 베트남 사람들이다 보니 아주 어이없는 일만은 아니었다.

이후 이 지역은 빠르게 발전해 베트남에서 가장 부유한 지역이 되었고, 프랑스 식민 통치 시절에도 프랑스식 건물이 가장 많이 세워지는 등 중심지 역할을 했다. 나중에 베트남공산당 지도자의 이름을 딴 '호찌민^{Hồ Chí Minh}'으로 도시 이름이 바뀌었다.

메콩강은 세계에서 열두 번째로 긴 강이다. 중국에서 발원해 칭하이성, 윈난성을 지나 미얀마, 타이, 라오스, 캄보디아, 베트남 등 무려 6개국에 걸쳐 4,000킬로미터 이상을 흐르며, 흐르는 물의 양이 세계에서 열 번째로 많은 강이기도 하다. 여러 나라의 산을 끼고 흐르던 메콩강이 베트남에 이르러 드넓은 평야를 펼쳐 놓는데, 이곳이 바로 메콩강 삼각주다.

1년 내내 여름인 열대기후인 데다가 토지도 비옥하니 1년에 쌀을 2~3회 수확할 수 있을 정도며, 이 지역에서 생산된 쌀로 베트남 전체 인구 1억 명을 다 먹이고도 남아 많은 양을 수출한다. 그런데 이 귀중한 곡식 생산지 역시 원래는 캄보디아 영토였다. 버려져 있던 땅이나 마찬가지였던 사이공은 베트남인들이 개척해 차지한 것이라고 하지만, 메콩강 삼각주는 그야말로 베트남이 군침을 흘리며 빼앗은 땅이다. 덕분에 캄보디아는 바다가 없는 내륙국이 되고 말았다. 5개 직할시 중 하나인 껀터가 이 지역의 중심 도시다.

과거를 묻지 않는 사람들

강대국의 침략을 받을 때마다 기어코 물리쳐 낸 베트남의 역사를 살펴보면 이들이 대단히 호전적이고 배타적인 민족일 것이라 생각하기 쉽다.

하지만 오늘날 베트남 사람들은 외국인에게 호의적이며 개방적이다. 심지어 과거 베트남을 침략해 많은 국민을 살상한 중국, 프랑스, 일본, 미국, 그리고 대한민국에 대해서도 중국을 제외하면 우호적인 자세를 취한다. 하지만 그렇다고 해서 과거를 잊은 채 굴욕적인 태도를 취하는 것은 아니니 주의가 필요하다. 잊지는 않으나 미래를 위해 굳이 과거를 거론하지 않겠다는 것이 그들의 기본적인 입장이다. 즉 프랑스, 일본, 미국, 대한민국은 베트남에 이익이 되는 나라들이니 과거를 묻지 않고 친구로 삼겠다는 것이다.

먼저 프랑스와의 관계를 살펴보자. 베트남은 프랑스의 식민지였으며 치열한 독립 전쟁 끝에 가까스로 독립할 수 있었다. 프랑스의 베트남 식민 지배는 우리나라가 겪은 일본의 식민 지배보다 훨씬 잔혹하고 모멸적이었다. 하지만 오늘날 베트남 사람들은 프랑스인에게 적대감을 드러내지 않는다. 그래서인지 베트남은 프랑스인들에게 가장 인기 있는 여행지 중 하나다. 베트남에는 식민지 시절에 지어진 프랑스풍 건물이 많이 남아 있고(식민 잔재를 청산한다고 부수지 않았다), 베트남 전통 요리와 프랑스 요리가 융합된 풍부한 음식 문화를 자랑한다. 심지어 베트남은 프랑스어 사용 국가들의 국제기관인 프랑코포니OIF 회원국이기도 하다.

프랑스 식민 지배와 함께 널리 퍼졌던 가톨릭교 역시 한때 공산당의 탄압을 받았지만 지금은 번성하고 있다. 베트남의 가톨릭 신자는 전체 인구의 7퍼센트 정도를 차지하는 600만 명 정도다. 우리나라 가톨릭 인구와 맞먹는다.

다음으로 일본과의 관계를 알아보자. 일본은 2차 세계대전 때 베트님을 침략해 지배했나. 하지만 오늘날 베트남과 일본의 관계 역시 우호적이다. 1973년 국교 정상화 이후 일본은 베트남에 3억 7,000만 달러의 경제원조를 했고, 2000년대 이후 많은 일본 기업이 베트남에 투자했다. 특히 일본은 베트남의 법 제도, 법률가 양성 제도 선진화에 큰 도움을 주었다. 현재 베트남 사람들은 일본에 대해 매우 우호적이며, 일본을 배우고 따라하고 싶은 본보기로 여긴다.

심지어 베트남전쟁 교전국으로 수십만 명의 인명 피해를 일으킨 미국과의 관계도 좋다. 그토록 치열한 전쟁을 치렀으니 한때는 매우 사이가 나빴지만 지금은 한국, 일본과 더불어 아시아에서 가장 미국과 사이가 가까운 동맹 관계다. 2019년 2차 북미 정상회담이 베트남 하노이에서 열린 이유는 베트남이 공산주의국가이면서 친미 국가이기 때문이다. 친미 공산주의국가라 하니 모순되게 느껴지지만 그게 현실이다.

우리나라 역시 베트남전쟁 당시 공포의 대상이었던 적국이었다. 하지만 오늘날 베트남 사람들은 단지 경제적 이유만으로 우리나라 사람들을 맞이하지 않는다. 실제로 우리나라를 좋아한다. 특히 십 대, 이십 대는 케이팝과 같은 대중문화의 영향으로 우리나라를 동경하고 우리나라 사람에게 호감을 가지고 있다. 특히 축구 감독 박항서 덕분에 그 호감이 중장년층에게까지 확산되었다.

오히려 베트남 사람들은 과거 가해자라 할 수 있는 나라의 정부나 국민이 사과하고 보상하겠다며 나서는 것을 좋아하지 않는다. 미래지향적이라 그럴 수도 있고 워낙 자존심이 강해 자신들이 약자였던 시절을 거론하는 것 자체를 싫어하는 것일 수도 있다.

다만 중국에 대해서는 이렇게 뒤끝 없는 모습을 보여 주지 않는다. 두 나라 정부 사이도 좋지 않지만 국민의 반중 정서도 상당하다. 최근까지도 걸핏하면 반중 시위가 일어날 정도다. 그렇다 해도 베트남은 중국 관광객이 많이 찾아오는 나라이며, 중국 관광객이 위협을 느낄 수 있는 상황은 발생하지 않는다. 분노를 터뜨리기보다는 국익을 위해 감정을 다스리는 것이다. 그래서 베트남 사람들이 더 무섭게 느껴지기도 한다.

오르락내리락하는
기후

아직도 어르신들 중에는 무더운 날이면 "어휴, 날씨가 완전 월남이네" 같은 표현을 쓰는 분이 있다. 추우면 시베리아, 더우면 월남. 영화나 드라마를 통해 만나는 베트남의 풍경도 더운 날씨 일색이다. 베트남전쟁 관련 영화나 다큐멘터리를 봐도 열대우림이 빽빽하다. 그래서 베트남이라고 하면 일단 더운 나라라는 생각이 앞선다. 하지만 베트남은 남북으로 매우 긴 나라이기 때문에 의외로 기후가 다양하다. 열대지방인 지역도 있지만 아닌 지역도 있다.

　한 예로 북중부 지방과 남중부 지방 경계에 위치한 다낭을 기준으로 볼 때 베트남 북부는 쌀쌀한 겨울(그들 기준으로 쌀쌀한 것이다)이 있는 아열대기후다. 그래도 베트남인데 추워 봤자 얼마나 춥겠어, 이렇게 생각했다

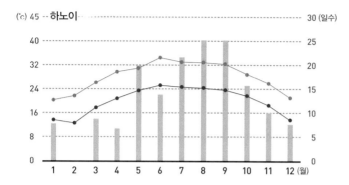

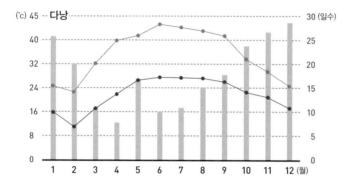

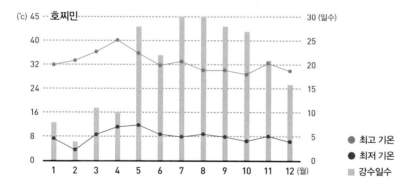

● 최고 기온
● 최저 기온
■ 강수일수

하노이, 다낭, 호찌민의 월 평균 최고, 최저 기온과 강수일수

(참고 자료: http://hikersbay.com/climate/vietnam)

가는 큰코다칠 수 있다. 물론 영하로 내려가거나 눈이 내리는 정도는 아니지만 외투를 입지 않으면 아침저녁에 꽤 쌀쌀하며, 비라도 내리면 패딩을 입어야 할 정도로 추워지기도 한다. 하노이, 하이퐁 등 수도권 지역의 겨울은 우리나라 11월이나 3월 수준까지 기온이 내려가기도 한다.

하노이, 다낭, 호찌민의 월 평균 최고 기온, 최저 기온, 강수일수를 표시한 그래프를 보면 세 도시의 기후가 얼마나 다른지 한눈에 드러난다. 겨울철 기온만 다른 게 아니라 비가 많이 내리는 기간도 다르다. 하노이는 4~9월이 우기, 11~2월이 건기인데 다낭은 정반대로 11~2월이 우기, 4~9월이 건기다. 그런가 하면 호찌민은 12~2월을 제외하면 모두 우기나 다름없다.

알파벳과는 다른 문자

베트남은 오랫동안 한자 문화권에 속해 지배층에서는 한문을 익혔고, 일반 민중도 베트남 말을 한자로 표기하는 쯔놈chữ nôm을 사용했다. 하지만 오늘날에는 한자도 쯔놈도 사용하지 않는다. 오늘날 베트남의 공식 문자는 알파벳을 사용해 베트남 말을 표기한 쯔꾸옥응우chữ quốc ngữ다. 하지만 베트남만의 독특한 발음이 많은 데다 성조까지 복잡해서 일반적인 알파벳을 생각하면 안 된다. 알파벳을 봐서는 쉽게 발음이 연상되지 않는 경우가 많고, 또 기존에 알던 알파벳대로 발음하면 전혀 엉뚱한 소리가 되는 경우도 많다.

베트남 말은 성조가 여섯 개나 된다. 성조가 네 개뿐인 중국어도 배우기 어려운데 여섯 개나 되니 그 어려움은 따로 설명이 필요가 없다. 그러니 간단한 한두 가지 표로 베트남 말을 배운다거나 문자를 읽을 수 있을 것이라는 기대는 버리자. 국립국어원의 외래어 표기법을 보고 대충 비슷하게 흉내 내 보는 데 만족하자. 물론 현지인의 발음과는 조금 거리가 있지만 한글로 최대한 흉내 내 본 것이다. 실제 베트남 문자는 여기에 다시 성조 표시가 붙어 훨씬 복잡하다. 성조 표시는 숫자의 지수처럼 모음 위에 작게 붙인다.

	자모	한글	예
자음	b	ㅂ	Bao 바오, bo 보
	c, k, q	ㄲ, ㄱ	cao 까오, khac 칵, kiêt 끼엣, lăc 락, quan 꽌
	ch	ㅉ	cha 짜, bach 박
	d, gi	ㅈ	duc 죽, Dương 즈엉, gia 자, giây 저이
	đ	ㄷ	đan 단, Đinh 딘
	g, gh	ㄱ	gai 가이, go 고, ghe 개, ghi 기
	h	ㅎ	hai 하이, hoa 호아
	kh	ㅋ	Khai 카이, khi 키
	l	ㄹ, ㄹㄹ	lâu 러우, long 롱, My Lay 밀라이
	m	ㅁ	mInh 민, mam 맘, tôm 똠

n	ㄴ	Nam 남, non 논, bun 분
ng, ngh	응, ㅇ	ngo 응오, ang 앙, đông 동, nghi 응이, nghê 응에
nh	니, ㄴ	nhât 녓, nhơn 년, minh 민, anh 아인
p	ㅃ, ㅂ	put 뿟, chap 짭
ph	ㅍ	Pham 팜, phơ 퍼
r	ㄹ	rang 랑, rôi 로이
s	ㅅ	sang 상, so 소
t	ㄸ, ㅅ	tam 땀, têt 뗏, hat 핫
th	ㅌ	thao 타오, thu 투
tr	ㅉ	Trân 쩐, tre 째
v	ㅂ	vai 바이, vu 부
x	ㅆ	xanh 싸인, xeo 쌔오
모음 a	아(길게)	an 안, nam 남
ă	아(짧게)	ăn 안, Đăng 당, măc 막
â	어(짧게)	ân 언, cân 껀, lâu 러우
e	애	em 앰, cheo 째오
ê	에	êm 엠, chê 쩨, Huê 후에
i	이(약한 발음)	in 인, dai 자이
y	이(강한 발음)	yên 옌, quy 꾸이
o	오('어'와 비슷한)	ong 옹, bo 보
ô	오	ôm 옴, đông 동
ơ	어(길게)	ơn 언, sơn 선, mơi 머이
u	우	um 움, cung 꿍

	ư	으	ưn 은, tư 뜨
이중모음	ia	이어	kia 끼어, ria 리어
	iê	이에	chiêng 찌엥, diêm 지엠
	ua	우어	lua 루어, mua 무어
	uô	우오	buôn 부온, quôc 꾸옥
	ưa	으어	cưa 끄어, mưa 므어, sưa 스어
	ươ	으어	rươu 르어우, phương 프엉

베트남어 자모와 한글 대조표

여기에 몇 가지 인사말과 숫자 세는 법 정도는 익혀 두자. 베트남 사람들도 자기네 말이 배우기 어려운 것을 잘 알기 때문에 외국인들에게 큰 기대는 하지 않는다. 그래도 베트남 말 몇 마디를 흉내라도 내면 무척 반가워한다.

다음은 가장 기본적인 인사말이다.

안녕하세요? 씬 짜오 Xin chào.

고맙습니다. 깜 언 Cảm ơn.

미안합니다. 씬 로이 Xin lỗi.

또 봐요. 땀 비엣 Tạm biệt.

네. 벙 Vâng.

아니오. 콩 Không.

조금 더 나아가 다음 문장들을 적절한 몸짓과 섞어 의사소통을 시
도해 보자.

저는 한국인입니다. 또이 라 응어이 한꾸옥. Tôi là người Hàn Quốc.

죄송하지만, 영어로 말해 주시겠습니까? 부이롱 노이 방 띠엥 아잉?
Vui lòng nói bằng tiếng Anh?

얼마예요? 바오 니유 띠엔? Bao nhiêu tiền?

비싸다. 닷 꽈. Đắt quá.

이것 더이 Đây   저것 더 Đó

어디? 어더우? Ở đâu?

화장실은 어디 있나요? 냐 베 씽 어 더우? Nhà vệ sinh ở đâu?

맛있어요. 응온. Ngon.

배가 아픕니다. 또이 다우 붕. Tôi đau bụng.

베트남에서 숫자를 셀 일은 주로 물건이나 음식 값을 지불할 경우다.
그런데 베트남은 화폐단위가 매우 크기 때문에 1,000 이하 단위는 사실
상 없다고 봐야 한다. 1에서 9까지의 숫자 뒤에 1,000, 1만, 10만, 100만
이 붙은 가격들이 일상적이다.

1 못 một   2 하이 hai

3 바 ba   4 본 bốn

5 남 năm   6 사우 sáu

7 바이 bảy   8 땀 tám

9 찐 chín   10 므어이 mười

1,000 못 응안 một ngàn

10,000 므어이 응안 mười ngàn

100,000 못 짬 응인 một trăm nghìn

1,000,000 못 찌에우 một triệu

1당 독재의
나라

공산당

오랫동안 우리나라 사람들은 베트남을 강경한 공산주의 국가로 여겨 왔다. 그럴 수밖에 없는 것이 베트남전쟁을 치르며 당시 우리 정부는 공산주의의 침략에 맞서 자유를 지키는 전쟁에 참전하는 것으로 선전했기 때문이다.

오늘날의 베트남을 공산주의 국가라고 느끼기는 쉽지 않다. 해외로 진출한 우리나라 기업 수는 중국에 이어 베트남이 두 번째로 많고, 당연히 국민 개개인의 사유재산도 널리 인정받고 있으며, 주식시장도 활성화되어 있고, 오히려 중국보다도 상품 및 자본시장이 더 넓게 개방되어 있다. 적어도 경제체제와 관련해서는 공산주의의 흔적을 찾아보기 어렵다.

그럼에도 베트남은 엄연히 공산주의 국가다. 함께 공산화되었던 캄보디아, 라오스에서는 이미 공산당이 권력을 상실했지만, 베트남공산당은 여전히 건재하다. 또 베트남에는 공산당 이외의 다른 정당이 아예 없다. 그야말로 1당 독재인 셈이다. 정식 국호도 '베트남사회주의공화국'이며, 〈진군가津軍歌〉라고 알려진 국가(나라를 대표하는 노래) 가사도 자못 비장하고 투쟁적인 전형적인 공산주의의 노래다.

베트남 군대여 전진하라

조국을 지키기 위해 스스로 함께 단결하라

우리의 바쁜 행진은 높고 험준한 길로 걸어갈지니

우리의 국기에는 승리의 붉은 피, 조국의 영혼이 깃들어 있도다

총성이 우리의 행진곡과 함께 울려 퍼지도다

영광스러운 길은 우리의 적을 이겼도다

모든 궁핍을 극복하라

우리는 저항의 기반을 함께 만들어 나가리

모든 인민의 구원을 위해 투쟁하라

베트남 헌법 제4조에 따르면 "베트남공산당은 노동자계급, 노동 인민 및 전 민족의 권리에 충성하는 대표이며, 마르크스레닌주의와 호찌민 사상을 기반으로 만들어진 국가 및 사회의 영도 세력"이다. 형식적인 야당이 있는 중국, 북한과 달리 베트남에는 공산당 외에 다른 정당이 아예

존재할 수 없도록 헌법에 규정되어 있다. 헌법에 공산당을 '전 민족의 대표'라고 정해 놓은 것이다. 공산당이 '전 민족'을 대표하는데 또 다른 정당의 존재에 무슨 의미가 있겠는가?

하지만 공산당 1당 독재가 행해지는 나라치고는 상대적으로 개방적인 편이다. 특히 2013년 이후 베트남의 '사회주의'는 중국이나 북한과 달리 헌법상의 용어에 가깝다. 아예 헌법에서 사유재산권을 폭넓게 인정하고 있어서 원칙적으로 주요 산업의 국유화를 명시하고 있는 중국보다 더 자본주의적이다. 다만 토지만큼은 국가 소유로 명시하고 있다. 베트남에서 개인에게 허용된 토지에 대한 권리는 임대권, 점유권, 사용권뿐이다.

시장경제를 폭넓게 받아들이고 사유재산을 보장한 것과 마찬가지로 정치제도도 중국, 북한 등의 다른 공산주의국가보다는 영국, 프랑스 등 서방 민주주의국가에 상대적으로 가깝다. 오해하지 말자. 상대적이다. 정당이 공산당 하나뿐이니 아무리 자유선거를 실시하고 국회가 활발하게 활동한들 무슨 의미가 있겠는가? 그럼에도 중국에 비해 베트남은 헌법을 한번 읽으면 권력구조가 단번에 이해된다. 그 내용을 간략히 정리하자면 베트남은 임기를 정해 둔 선출직 공무원이 통치하며, 삼권분립제도가 헌법으로 보장되어 있는 민주적인 정부 구조를 가지고 있다.

다만 그 선출직 공무원을 공산당이 지도한다는 것이 함정이다. 따라서 베트남이 아무리 삼권분립을 규정하고 선거로 주석과 국회의원을 선출하더라도 공산당 최고 지도자인 총비서의 영향력을 넘어설 수 없다.

베트남공산당은 360만 명이 넘는 당원을 보유하고 있다. 이 당원들이 각 지역에서 대표자를 선출하고, 이 대표자들이 5년에 한 번씩 150명의 중앙집행반을 선출한다. 중앙집행반은 다시 당 대표에 해당되는 중앙집행반 총비서 1명과 정치부 위원 15명, 비서반 위원 9명, 중앙군사위원회 위원 9명을 선출한다. 국가주석, 수상, 장관, 국회의원 등이 모두 당원이기 때문에 이들은 모두 당수인 총비서보다 서열이 낮다.

국가주석

우리나라 대통령에 해당되는 직책이다. 어차피 영어로 옮기면 President다. 직책명이 주석이다 보니 중국이나 북한의 막강한 주석을 떠올릴 수 있겠으나 베트남의 주석은 그에 비해 권력이 훨씬 미약하다. 어떤 면에서는 우리나라나 미국의 대통령보다는 영국이나 일본의 총리에 더 가깝다.

베트남에서 주석이 되려면 일단 국회의원이 되어야 한다. 국회가 국회의원 중에서 주석을 선출하기 때문이다(이는 영국, 독일, 일본 등의 의원내각제 국가를 연상시킨다). 그렇기 때문에 주석의 임기도 국회의원의 임기와 동일하다. 국회의원 임기가 끝나고 다음 총선이 치러지면 주석의 임기도 자연스럽게 끝이 나므로 중국에서 볼 수 있는 장막 뒤의 실력자나 북한에서와 같은 절대 권력의 세습 같은 일은 일어나지 않았다.

그 권한도 의원내각제 국가의 총리와 비슷하다. 주석에게는 부주석, 수상, 각 행정 장관의 임명권과 해임권이 없다. 이는 국회의 권한이다. 주석은 다만 제안만 할 수 있다. 부주석, 수상, 장관뿐 아니라 베트남의 거의 모든 고위직은 일일이 국회의 승인을 받아야 한다. 게다가 해임까지도 국회의 승인을 받아야 한다는 점이 이채롭다.

주석은 국가원수로서의 외교적인 역할과 군 통수권자의 역할에 집중하며, 행정부를 이끄는 일은 주로 수상이 담당한다. 수상 역시 국회의원 중에서 주석의 추천을 받아 국회가 임명한다.

사정이 이렇다 보니 주석의 거의 모든 정치 활동은 국회를 배경으로할 수밖에 없다. 그래서 베트남의 주석은 국회상임위원회에 참석하며 필요하면 임시국회를 소집하기도 하는 등 국회와 활발하게 협력한다. 다만정당이 공산당밖에 없는 국회다. 결국 주석은 공산당의 손아귀를 벗어날수 없다.

원칙적으로 베트남은 당권과 정권을 분리한다. 따라서 중국처럼 공산당 서열 1위와 주석이 동일인인 경우는 거의 없다. 다만 2018년에는주석이 임기를 채우지 못하고 사망하는 바람에 응우옌 푸 쫑Nguyễn Phú Trọng 공산당 총서기가 임시 주석을 겸직하고 있다.

국회

주석의 거수기나 박수부대로 전락한 북한, 중국, 러시아 국회와 달리베트남 국회는 상당히 활발한 정치가 이루어지는 공간이다. 비록 당은공산당뿐이지만 그렇다고 모든 일이 만장일치로 결정되는 것은 아니다.의외로 상당히 치열한 논쟁이 이루어진다.

베트남 헌법에 따르면 국회는 국가의 중요한 문제를 결정하고 법치권과 입법권을 수행하며 국가의 활동을 감찰하는 국가 최고 권력기관이다.

1년에 한두 번 열리는 중국의 전국인민대표회의와는 그 위상이 아주 다르다.

베트남 국회의 의석은 모두 500석이다. 이 중 450석 내외가 공산당의 몫이다. 나머지는 무소속이다. 국회라기보다는 차라리 공산당 전국대의원회의에 가깝다. 그러니 공산당 최고 지도자인 총서기가 사실상 국회를 지배한다고 볼 수 있다.

국회의원의 임기는 5년이며 국민 직선으로 선출된다. 당이 하나라서 선거는 대개 찬반 투표로 치러지지만 무투표 당선이 인정되지 않기 때문에 그리 호락호락하지 않다. 만약 찬성표가 과반을 넘지 않으면 그 선거구는 국회의원이 없는 채로 비워 둔다. 따라서 후보가 한 명뿐이라도 선거운동을 열심히 해야 하고, 평소 지역구 관리도 해야 한다.

베트남은 주석, 수상, 장관들이 국회의원과 임기를 같이하기 때문에 국정 운영이 비교적 안정적이며, 정권 교체가 상당히 부드럽게 이루어진다. 특히 베트남 국회는 임기 3년째가 되면 수상과 장관들에 대한 신임투표를 실시한다. 재미있는 것이 불신임투표가 아니라 신임투표라는 것이다. 얼마나 신임을 받고 있느냐 투표하는 것이지 수상이나 장관을 해임하기 위해 하는 투표는 아니다. 다만 신임률이 낮으면 상당히 망신스럽고, 2년 뒤에 치러질 국회의원 선거(수상과 장관들도 어차피 국회의원이다)에 불리하게 작용할 수 있다. 그렇기 때문에 수상과 장관들이 꽤 신경을 쓰는 편이다.

베트남 국회는 다른 공산주의국가와 달리 매우 진지하고 치열하다. 오히려 우리나라보다 더 치열해서 밤샘 토론, 끝장 토론이 일어나는 경우도 드물시 않다. 낭연히 주석이나 수상의 정책이 국회에서 무시무시한 비판을 받고 제동에 걸리는 경우도 자주 나타난다. 권력 견제의 기능을 잘 발휘하고 있는 것이다.

공권력

베트남 역시 중국, 북한 등 공산당이 통치하는 다른 나라들과 마찬가지로 자유가 많이 제한되어 있다. 특히 언론의 자유는 거의 무시당한다고 봐도 될 정도다. 국경없는기자회RSF에서 발표한 언론자유지수에서 베트남은 73.96점을 받아(100점이면 언론 자유가 전혀 없다는 뜻) 77.66점인 중국보다 조금 나은 정도였다. 최하위는 84.98점의 북한. 우리나라는 27.61점으로 63위, 일본은 29.44점으로 72위, 24.37점의 타이완이 45위로 아시아에서 가장 높다.

최근 베트남 정부는 소셜미디어SNS의 확산을 부지런히 막고 있다. 정부가 통제하기 어려운 유튜브에 반정부 선전물이 올라오는 것을 막기 위해 녹음, 녹화 장치의 구입 절차를 까다롭게 하고, 아예 녹음과 녹화를 허가제로 운영하는 등 그 방법도 교묘하다. 그래도 트위터, 페이스북, 카카오톡, 다음, 네이버가 다 차단된 중국보다는 훨씬 자유롭다. 구글도 제한 없이 사용 가능하다.

하지만 베트남 국민은 공권력을 두려워한다. 언론의 자유가 점점 확대되는 추세라지만 아직도 정부 비판 기사를 쓴 기자와 취재원이 징역형을 선고받는 경우가 가끔 일어나기 때문이다. 그나마 중국처럼 쥐도 새도 모르게 기자가 몇 달씩 사라지는 일 따위는 없다.

역설적으로 공권력이 인권을 앞서다 보니 치안 상태는 매우 좋다. 중국처럼 베트남도 경찰을 '꽁안^{công an}'이라고 부르는데, 그 권력과 위세는 어마어마하다. 교통법규 위반 같은 경범죄를 적발하는 과정에서 꽁안이 범법자의 따귀를 때리며 야단쳐도 그걸 전혀 이상하게 보지 않는 분위기다.

반역, 정부 전복을 기도하는 행위, 간첩 행위, 폭동, 테러, 태업, 납치, 마약 제조나 은폐 또는 유통, 살인, 강간, 절도, 사기 등 사형을 선고할 수 있는 범죄가 22개나 된다. 그냥 웬만한 범죄는 경우에 따라 사형까지 갈 수 있다고 생각하면 된다. 이렇게 공권력이 무섭게 적용되다 보니 베트남 국민은 꽁안에게 적발되면 뇌물을 주어서라도 상황을 무마하려 한다.

도이머이로 일어선 경제

어마어마한 베트남의 화폐단위

베트남의 화폐단위는 '동^{đồng}'이다. 얼른 들으면 '돈'처럼 들린다. 실제로 돈에서 왔을 것이다. 어차피 동아시아 화폐단위가 금이나 은을 세는 무게 단위에서 비롯되었고, 돈 역시 그 단위 중 하나기 때문이다. 은을 화폐로 쓰던 시절 은 한 돈, 은 두 돈 하다가 그게 화폐단위로 정착했을 것

베트남 화폐

이다.

더욱 재미난 것은 베트남의 엄청난 화폐단위다. 베트남에 처음 온 사람들을 가장 놀라게 하는 것 중 하나기도 하다. 택시를 타면 요금이 1,000 단위로 턱턱 올라간다. 구두 한 켤레를 사려고 하니 가격표에 찍힌 숫자가 무려 2,000,000이다. 명품도 아닌 보통 구두인데 말이다. 뭐 하나 계산할 때마다 숫자가 하도 커서 머리가 아플 지경이다. 두 사람이 쌀국수 한 그릇씩 사 먹고 맥주 한잔이라도 곁들이면 수십만 단위로 찍힌 계산서를 받아 들게 된다.

이건 베트남의 화폐단위가 워낙 작아서 생기는 일이다. 사실 우리나라 원화도 굉장히 작은 단위에 속한다. 다른 나라 돈으로 바꿀 때 그 나라 돈 1이 우리나라 돈 1원보다 작은 경우는 거의 없다(예를 들어 1달러는 약 1,000원이다). 그런데도 베트남 동은 우리나라 원의 20분의 1 정도로 매우 작다. 1만 동이 500원 정도라고 보면 된다. 그러니 베트남 물가가 아무리 싸다고 해도 1동, 10동 따위는 쓸 일이 없다. 간혹 베트남 상점에서 '100', '250', '370' 이런 식으로 가격을 표시하거나 택시 요금 미터기의 숫자가 1씩 올라가는 경우가 있는데 횡재했다고 착각하면 안 된다. 뒤의 0 세 개를 생략하고 표기한 것이다. 우리나라 이탈리아 레스토랑에서 파스타 가격을 '1.7' 이런 식으로 표시하는 것과 비슷하다. 어쨌든 베트남 돈으로 환전을 하면 처음에는 기분이 좋다. 50만 원을 환전하면 약 1,000만 동이나 되는 돈다발을 턱 내주니 말이다.

돈의 숫자가 크다 보니 지폐 종류도 많다. 50만 동, 20만 동, 10만 동, 5만 동, 2만 동, 1만 동까지 총 여섯 종류다. 우리나라는 5만 원, 1만 원,

5,000원, 1,000원(총 네 종류), 일본은 1만 엔, 5,000엔, 1,000엔(총 세 종류), 대만은 1,000타이완달러, 500타이완달러, 100타이완달러(총 세 종류)인 것을 감안하면 무척 많다. 지폐 종류도 많고 화폐단위도 작고 또 지폐 색깔이나 디자인도 비슷비슷해서 상당히 헷갈린다. 돈을 내거나 거스름돈을 받을 때 조심해야 한다.

생각보다 낮은 국민소득

베트남 경제를 좀 안다 하는 사람들은 너 나 할 것 없이 '도이머이Đổi mới'를 이야기한다. 이 말은 베트남 말로 '바꾼다(도이)'와 '새롭게(머이)'가 합쳐진 용어다. 경제정책으로 알려져 있지만 실제로 베트남 사회 전체를 새롭게 바꾼다는 의미를 담고 있으며, 1986년 제6차 당대회 이후 실시된 여러 가지 개혁·개방정책을 통칭하는 말이다.

1986년 이전 베트남 경제는 엉망이었다. 강경한 공산주의 경제정책, 즉 집산주의와 계획경제를 고집하고 미국, 일본 등 서방세계와의 교류를 끊는 폐쇄적인 경제를 고수했기 때문이다. 물론 비슷한 시기 중국공산당이 대약진운동과 문화대혁명으로 수천만 명을 굶겨 죽이고 때려죽인 것에 비할 바는 아니지만.

베트남은 도이머이 정책을 실시한 이후, 어려운 경제 사정을 극복하기 위해 집단농장제도를 포기하고 농민이 직접 농토를 소유하는 것을 허용했으며, 민간 기업의 설립을 허가하고(즉 자본가를 허용하고), 외국에 산업과 시상을 개방해 외국자본을 적극적으로 유치했다. 특히 1988년 외국인투자법 제정과 함께 외국인 투자가 확대되었다. 외국인 투자의 3분의 2는 호찌민과 그 인근 지역에 쏠렸고, 나머지는 하노이와 하이퐁에 분산되었다.

이렇게 베트남은 공산권 국가 중 경제개혁과 시장개방의 모범적이고 선구적인 나라로 널리 알려져 있다. 북한의 김정일 위원장도 시장경제를 개방하면서도 공산당의 권력을 내려놓지 않기 위한 방법을 모색하려 베트남에서 도이머이 정책을 배워 갔다. 또한 김정은 위원장은 베트남의 도이머이 같은 정책을 펼쳐 보고 싶다고 문재인 대통령에게 말한 바 있다. 그래서 2차 북미 정상회담 장소를 베트남 하노이로 정하기도 했다.

그러나 베트남의 국민소득은 그리 높지 않다. 1인당 명목 GDP가 2017년 기준 2,546달러에 불과하다. 주변 나라와 비교해 보면 라오스와 비슷하고 캄보디아보다는 두 배 정도 많다. 하지만 2003년까지만 해도 500달러에 불과했다. 15년 만에 그 다섯 배가 된 것이다.

중국의 뒤를 이을 세계의 공장

현재 베트남은 선진국 기업이 가장 선호하는 투자 대상 중 하나다. 우선 인구가 1억 명에 가깝다. 게다가 평균 연령이 30세에 불과할 정도로 젊다. 다낭이나 호찌민 같은 도시에는 거리마다 온통 청년으로 가득한데, 우리나라 같으면 대학가나 가야 볼 수 있는 풍경이다. 물론 물가가 저렴한 만큼 임금수준도 낮다. 베트남의 최저임금은 대도시 기준으로(지역에 따라 최저임금이 다르다) 월 184달러, 우리 돈으로 20만 원 정도다.

물론 동남아시아나 인도도 임금이 싸지만 노동력의 질에서 큰 차이가 난다. 베트남 사람들은 근면하고 성실하다. 또 교육 수준과 학구열이 매우 높다. 잘 교육받은 젊고 성실한 노동력이 풍부한 셈이다. 동남아시아에서 치안이 가장 좋은 나라이기도 하며, 중국과 비교하면 정부도 훨씬 청렴하고 외국 기업에게 협조적이다.

최근에는 다국적기업들이 중국 공장을 베트남으로 옮기는 경우가 늘어나고 있다. 중국 경제가 성장하면서 물가가 많이 올라 노동임금도 비싸진 탓이다. 특히 2018년부터 격화된 미국과 중국의 무역 전쟁은 우리나라를 포함한 많은 서방세계 기업에게 중국 리스크를 부가시켰다. 즉 베트남에게는 더욱 큰 기회가 오고 있는 것이다.

우리와 비슷하지만
묘하게 다른 문화

베트남은 동남아시아 국가들 중 우리나라와 가장 공통점이 많은 나라다. 비단 동남아시아뿐 아니라 세계 전체를 놓고 봐도 그렇다. 우선 베트남 인구의 90퍼센트를 차지하는 비엣족은 다른 동남아시아 국가들에 많이 분포한 오스트로네시안(환태평양 지역에 폭넓게 분포한 해양 민족. 타이완 원주민, 말레이족, 마오리족, 하와이 원주민 등)과 전혀 다른 몽골리안이다. 일본, 몽골과 더불어 한국인과 유전적으로 가장 가까운 민족 중 하나다. 또 동남아시아에서 유일하게 오랫동안 한자를 썼으며 유교를 국시로 삼아 왔던 나라다. 이렇게 인종적, 문화적 배경이 우리나라와 가까운 나라는 일본 말고는 또 없을 것이다. 그럼에도 베트남은 엄연히 다른 문화를 가진 다른 나라이기에 우리와 다른 점도 많다.

한국에 김씨가 있다면 베트남에는 응우옌씨가 있다

한국인의 20퍼센트가 김씨인 것도 놀라운 일인데 베트남은 전체 인구의 40퍼센트가 '응우옌Nguyễn'씨다. "서울에서 김 서방 찾기"라는 우리나라 속담을 베트남 버전으로 옮기면 "하노이에서 응우옌 씨 찾기" 정도가 되겠다. 실제 발음과 조금 거리는 있지만 한글로는 응우옌이라고 쓸 수밖에 없다. 일본인들은 이걸 문자로 표현할 방법이 전혀 없어 '구엔'이라는 엉뚱한 표기로 아예 창씨개명을 하다시피 했다. 우리나라에서도 구엔, 누엔, 누옌 등 여러 가지로 발음해 왔으나 국립국어원에서 인정한 표준어는 응우옌이다.

베트남의 마지막 왕조가 응우옌 왕가라서 이 성씨가 많다는 주장이 있지만 응우옌이 왕조를 이루기 전에 이미 응우옌씨는 많았다. 이 응우옌씨가 왕위를 차지하기 위해 맞서 싸웠던 떠이선Tây Sơn 왕조의 성씨도 응우옌씨였다. 그래서 역사가들은 '떠이선 응우옌', '남방 응우옌'이란 명칭으로 응우옌씨들을 구별해야 했다. 응우옌씨의 한자 표기는 '완阮씨'인데, 베트남뿐 아니라 중국 광시, 광둥 지방에도 '위안(응우옌의 중국식 발음)'씨가 무척 많은 것으로 보아 그쪽에서 흘러들어 온 것으로 보인다.

김씨 못지않게 이씨와 박씨가 많아 이 3대 성씨를 합치면 전체 인구의 절반을 넘기는 우리나라처럼 베트남 역시 쩐Trần씨와 레Lê씨가 인구의 10퍼센트를 넘겨서 응우옌씨를 비롯한 이 3대 성씨가 전체 인구의 60퍼센트를 차지한다. 이렇게 대부분이 같은 성씨를 가지고 있다 보니 베트남에서는 성씨로 사람을 부르는 일이 거의 없다. 미국처럼 미스터 브라운, 일본처럼 나카무라 상, 이런 식으로 "응우옌 씨" 하고 불렀다간 여기저기서 "예" 하고 대답할 테니 말이다. 예를 들어 응우옌 꽝 선이라는 사람을 베트남식으로 예를 갖춰 부르고 싶다면 "옹 응우옌"이 아니라 "옹 선"이라 부르는 게 맞다.

동남아시아의 유일한 유교 국가

베트남은 동남아시아에서 유일하게 중화 문화권의 영향을 많이 받은 나라다. 19세기 중반까지 한자의 음을 딴 문자 '쯔놈'을 사용하기도 했다. 그래서 타이, 말레이시아 등은 물론 인접한 캄보디아, 라오스보다 오히려 우리나라, 중국, 일본과 문화적 동질성이 더 높다. 동남아시아에서 유일하게 유교의 영향을 받은 나라이기도 해서 곳곳에 공자 사당이 남아 있다. 하노이에는 우리에게도 익숙한 이름인 국자감이라는 학교가 설치되어 유교를 기반으로 한 관료 교육을 담당하기도 했다.

이외에도 우리와 비슷한 문화와 풍속이 꽤 많다. 다음과 같은 것들이다.

- 장유유서: 베트남에서 연장자의 권위는 절대적이다. 줄을 섰을 때 어르신이 새치기를 해도 그걸 당연하게 여기며, 젊은 사람이 따지면 오히려 욕을 먹는다. 교통사고를 내도 상대방이 어르신이라면 일단 죄송하다며 허리를 숙이고 봐야 한다. 젊은 사람이 똑같이 눈을 부릅뜨고 시비를 가리면 버르장머리 없다는 비난만 남는다.

- 체면: 유교 문화권이 다 그렇듯 베트남 사람들도 체면을 굉장히 중요시한다. 그래서 남들 보는 앞에서 지적당하거나 비판받으면 절대 참지 않는다. 대신 체면이 상할 상황에서 체면을 세워 주면 그 은혜를 절대 잊지 않는다. 또 누군가가 같이 식사하자고 했을 때 아무리 돈이 많이 나와도 한 푼도 보태면 안 된다. 그것 역시 체면을 깎는 일이다. 먼저 식사하자고 청한 사람이 다 내는 것이 마땅하다. 물론 그 반대도 성립된다. 같이 밥 먹자고 청해 놓고 더치페이를 바라면 안 된다.

- 가족 중심주의: 우리나라와 마찬가지로 가족을 매우 중요하게 생각한다. '집안 망신'이라는 말이 아직도 널리 사용된다. 아버지와 삼촌 등 집안 어른의 권위도 상당하며, 자녀가 돈을 벌어 가족을 위해 사용하는 것도 매우 당연하게 받아들인다. 우리나라 1970~1980년대와 비슷하다.

- 감정 표현의 절제: 우리나라, 일본, 대만 등과 마찬가지로 감정을 겉으로 드러내는 것을 좋게 보지 않는다. 당연히 공공장소에서 연인들의 애정 표현에도 눈쌀을 찌푸리며, 소리 내 성을 내기라도 하면 아예 사람 취급을 안 한다. 어른과 이야기할 때 눈을 빤히 들여다보거나 크게 웃으면 버릇없는 사람이 된다. 고개 숙여 이야기를 듣고, 손

으로 입을 가리면서 작게 웃는 것이 예절 바른 행동이다.

하지만 같은 유교 문화권이라는 것이 오히려 우리와 베트남 사이에 오해를 불러일으키기도 한다. 비슷하다는 생각에 우리나라에서처럼 행동하고 말하다가 괜한 오해나 분쟁을 일으키기도 한다.

한국과 베트남의 문화는 비슷한 만큼 차이도 많다. 이는 조선의 유교가 양반 관료 사회를 넘어 백성들의 일상생활에까지 깊이 스며들었던 반면 베트남의 유교는 관료 사회에만 머물렀기 때문이다.

베트남 백성들에게 유교 윤리는 가장 일반적이고 보편적인 규범 수준에만 작용됐고, 그 이하 세세한 규범은 토속신앙, 불교, 도교 등 다양한 종교의 영향이 뒤섞여 있었다. 또 거의 1,000년간 중국과 투쟁하며 독립을 쟁취한 나라였기 때문에 중국 문화의 영향을 받으면서도 반감이 강해 중국 문화를 선별적으로 받아들였다.

또 우리나라가 같은 문화권 국가인 일본의 식민 지배를 받은 반면 베트남은 아주 다른 문화권 국가인 프랑스의 지배를 받았다. 일제강점기 36년이 조선을 얼마나 바꾸었는지 생각해 보면 서유럽 문화를 그대로 직면해야 했던 60여 년이 베트남을 얼마나 많이 바꿔 놓았을지 짐작하는 일은 어렵지 않다.

그렇기에 베트남에서 유교는 부모에 대한 효도, 웃어른에 대한 예절, 조상에 대한 숭배 등 굵직한 원칙으로 존재할 뿐 그 세부적인 사항까지 조목조목 남아 있지는 않다. 조상에게 제사를 지낸다는 것이 중요하지 그 절차나 홍동백서 같은 상차림 규칙 따위를 따지지 않는다는 것이다.

특히나 효도에 대해서는 우리나라와 무척 다르다. 베트남 역시 유교의 효 사상을 받아들였지만 남자와 여자가 차별되지 않는다. 중국식 가부장적 요소는 배제하고 베트남의 전통적 모계 사상과 융합했기 때문이다. 따라서 출가외인 같은 말은 전혀 성립하지 않는다. 부모에게 효도를 다하는 것이 매우 중요한 미덕이기 때문에 딸들은 시집간 후에도 자신의 부모에게 무척 많은 정성과 관심을 기울인다. 이 때문에 국제결혼을 한 베트남 여성과 한국 남성 사이의 다툼이 심심치 않게 발생한다. 한국 시어머니들은 베트남 며느리가 효성스럽다고 해서 기대했는데 시댁은 안 챙기고 친정만 챙긴다고 불만이지만 그게 바로 그들의 효다.

휴일이 가장 적은 나라

우리나라와 베트남은 근대화 이전까지 음력 달력을 사용했다. 두 나라 모두 중국의 달력을 받아 사용했기 때문이다.

음력 1월 1일은 베트남에서도 가장 큰 명절로, 이날을 '뗏Tết'이라고 한다. 우리나라와 마찬가지로 주말을 끼면 거의 일주일간 연휴가 계속된다. 그리고 음력 8월 15일은 '뗏쭝투Tết trung thu(중추절)'로, 명절이긴 하지만 휴일은 아니다.

그 밖에도 훙 브엉Hùng Vương(베트남 최초의 왕)의 기일인 음력 3월 10일은 우리나라 개천절 같은 날이고, 4월 30일은 남부해방기념일(즉 베트남전쟁 종전일), 5월 1일은 노동절로 연휴, 9월 2일은 프랑스 식민지에서 벗어난 독립기념일, 양력 1월 1일은 새해 첫날. 이게 휴일 전부다. 다 해서 9일밖에 안 된다(우리나라는 16일). 아마 세계적으로 휴일이 가장 적은 나라 중 하나일 것이다.

우리 입맛에 잘 맞는 베트남 음식

베트남의 음식 문화는 우리와 매우 비슷하다. 그래서 일본과 더불어 베트남은 한국인들이 현지 음식점에서 아무거나 시켜도 거부감 없이 잘 먹을 수 있는 몇 안 되는 나라 중 하나다.

우리나라와 마찬가지로 베트남의 음식 문화 역시 고기보다 채소를 많이 먹고, 밥이나 국수로 식사를 하며, 젓가락을 사용한다. 또한 다른 동남아시아 국가들에 비해 향신료를 덜 쓰고(고수는 여전히 사용한다), 짠맛과 매운맛을 즐긴다. 다른 나라 사람들은 낯설어할 느억맘 nước mắm 같은 젓갈류도 한국인에게는 그저 살짝 새콤한 멸치젓갈 정도로 느껴질 뿐이다.

그래서 베트남 음식점은 일식집과 더불어 오늘날 우리나라에서 가장 흔하게 볼 수 있는 외식업체가 되었다. 오히려 한식집보다 베트남 쌀국수 가게를 더 쉽게 찾아볼 수 있을 정도다.

베트남 요리는 종류가 매우 많지만 그중에서도 우리 입맛에 잘 맞는 음식을 몇 가지 소개해 본다.

- 포 phở: 설명이 필요 없다. 베트남 쌀국수.
- 분보남보 bún bò nam bộ: 쇠고기와 각종 채소를 달콤새콤한 소스와 버무려 내는 비빔국수.

위: 분보남보
아래: 분짜

위: 반미
아래: 바인 째오

- 분짜 bún chả: 구운 돼지고기를 쌀국수, 채소와 함께 소스에 찍어 먹는 요리.
- 바인쌔오 bánh xèo: 베트남식 부침개. 우리나라 해물파전과 비슷한데, 밀가루가 아니라 쌀가루를 사용한다는 점이 다르다. 주로 쌀가루와 돼지고기를 섞어서 부치는 경우가 많다.
- 반미 bánh mì: 프랑스 식민 통치의 흔적으로, 샌드위치가 베트남화된 음식이다. 프랑스식 바게트 빵 안에 베트남 요리를 집어넣어 만든다.

독특한 베트남 커피 문화

베트남 먹거리 하면 빼놓을 수 없는 것이 커피다. 베트남이 브라질 다음가는 커피 생산국이라는 것은 의외로 잘 알려져 있지 않다. 베트남의 커피 재배는 식민지 시절 프랑스인들의 플랜테이션 농장에서 비롯되었는데 공교롭게도 베트남 기후와 토양이 커피 재배에 매우 알맞았다. 단지 원두 생산량만 많은 것이 아니라 커피를 마시는 방법도 독특해 세계적으로 베트남식 커피 문화가 널리 확산되는 중이다.

베트남식 커피는 매우 진하게 내린 커피를 연유로 부드럽게 만들어 마시는 것이 특징이다. 워낙 진해서 블랙으로 마시기는 쉽지 않다. 베트남을 여행할 일이 있으면 반드시 카페에 들러 신선하고 향 좋은 베트남 커피를 즐겨 보자.

베트남어로 커피는 '까페 cà phê'다. 그 뒤에 '다 đá'가 붙으면 아이스커피다. 그리고 연유만 들어간 커피는 '까페 쓰어 cà phê sữa', 연유와 달걀 크림

이 함께 늘어간 커피는 '까페 쯩cà phê trứng'이다. 만약 이것들을 차갑게 먹으면 까페 쓰어 다, 까페 쯩 다가 된다. 커피에 달걀을 넣는 것이 낯설어 보이지만 막상 마셔 보면 맛이 매우 좋은데, 액체 티라미수라고 생각하면 느낌이 비슷할 것이다.

베트남에 여행가자

하노이: 베트남의 수도, 2,000년 고도

하노이Hà Nội는 한자 河內(하내)의 베트남식 발음으로, 홍강 삼각주의 중심 도시이며 베트남의 수도다. 2,000년 전 어우락Âu Lạc 시대 때부터 베트남의 수도였다. 심지어 프랑스 식민지가 되었을 때 프랑스 총독이 머물던 곳도 이곳이었다. 이렇게 오랫동안 수도로서 기능한 도시는 이탈리아의 로마, 그리스의 아테네, 일본의 교토 등을 제외하면 세계적으로도 매우 드물다.

하노이의 풍경은 오랜 역사를 가진 도시답게 많은 문화유산을 간직한 고풍스러운 풍경이다. 베트남의 대표적인 자연경관인 할롱Hạ Long(하롱베이)도 하노이를 기점으로 출발한다.

후에: 베트남의 영광과 멸망을 함께한 도시

후에Huế는 베트남 마지막 왕조인 응우옌 왕조의 수도였던 도시다. 그래서 황제와 관련된 유적과 유물이 많이 남아 있다. 물론 가장 마지막 왕조다 보니 문화재의 대부분은 19세기에 지어진 것들로 5,000년 역사를 자랑하는 베트남치고는 상당히 최근 것들이다. 특히 역대 황제들의 무덤은 매우 화려하고 아름답게 조성되어 있어 세계 여러 나라의 관광객들을 끌어들이고 있다. 안타깝게도 왕궁은 베트남전쟁 당시 폭격 피해를 입어 무너진 건물이 많지만 그래도 옛 응우옌 왕조의 영화를 느끼기에는 충분하다.

다낭: 관광 일번지

다낭Đà Nẵng은 베트남에서 네 번째로 큰 도시로, 우리나라로 치면 대전쯤 되는 위상을 가진 도시다. 저렴한 물가, 아름다운 바닷가, 풍성한 음식, 다양한 근교 관광지 등 관광 도시로서의 매력을 다 갖추고 있어 세계의 여행객들에게 인기가 좋다. 하노이가 정치 수도, 호찌민이 경제 수도라면 다낭은 관광 수도다.

다낭에는 세계 6대 해변 중 하나라는 미케Mỹ Khê 비치, 세계문화유산으로 등록된 호이안Hội An 구시가가 가까이 있으며, 고도인 후에도 멀지 않다. 세계에서 가장 아름다운 드라이브 코스로 꼽히는 하이번관Hải Vân Quan, 고산 지역에 지어진 놀이공원인 바나Bà Nà 랜드 등도 인기 있는 관광지다. 또 다낭은 원래 베트남 도시가 아니라 참파의 옛 수도였기 때문에 참파 미술관, 미선My Son 유적 등 찬란했던 참파 왕국의 문화유산도 남아 있어 다양한 볼거리를 자랑한다.

냐짱: 아름다운 휴양 도시

냐짱Nha Trang은 우리말로 옮기면 '하얀 집'이라는 아름다운 이름을 가진 도시다. 하얀 모래언덕이 마치 집처럼 보여서 그런 이름이 붙었다고 한다. 파란 바닷가에 무려 10킬로미터에 이르는 하얀 백사장이 펼쳐져 있고, 이 백사장을 따라 근사한 리조트들이 늘어선 휴양 도시다. 특히 서핑과 같은 수상 스포츠를 좋아하는 사람들에게는 낙원이 따로 없다. 영화 〈지옥의 묵시록〉에는 전쟁 중에도 서핑을 즐기는 미국 장군이 나오는데, 바로 그 해변이 냐짱이다.

호찌민: 베트남 최대 도시

베트남의 수도는 하노이지만 베트남 최대 도시는 호찌민Hồ Chí Minh이다. 그런데 호찌민의 원래 이름은 '사이공'으로, 이곳 주민들은 아직도 호찌민을 사이공이라 부르는 경우가 많다.

호찌민은 베트남이 프랑스의 식민지로 전락할 때 제일 먼저 점령당한 곳이다. 그래서 프랑스식 건물이 아직도 많이 남아 있어 아시아 속의 유럽과도 같은 이국적인 풍경을 보여 준다. 또 급격히 발전하는 베트남 경제의 중심지답게 고층 건물들도 즐비해 베트남에서 유일하게 현대적인 야경을 볼 수 있는 도시이기도 하다.

현재 호찌민은 베트남 GDP의 20퍼센트가량을 차지하고 있으며 2018년 1인당 GDP는 5,500달러가 넘어 베트남 국가 평균의 두 배가 넘는다. 워낙 도시가 크다 보니 구의 이름을 따로 짓지 않고 1구, 2구, 3구 하는 식으로 숫자를 붙여 놓았다. 이는 프랑스 파리 방식을 따른 것이기도 하다. 대부분의 관광 명소와 경제활동 중심지는 1구, 2구에 몰려 있다.

미토: 물과 쌀의 도시

미토My Tho는 메콩강 삼각주의 중심 도시다. 메콩강의 한 줄기인 미토강의 이름을 따서 붙인 이름이다. '물과 쌀의 도시', 이 한마디에 미토라는 도시의 특징이 한눈에 들어온다. 물의 도시는 교역의 중심지였다는 의미이며, 쌀의 도시는 이 교역로를 통해 농산물이 모여들었다는 뜻이다.

특히 이곳은 프랑스 식민지 시절에 크게 번성했다. 중국에서 많은 화교가 건너와 큰 시장판을 이루어 1년 내내 북적거리는 상업 도시가 되었다. 지금은 강물을 이용한 수상 교역이 쇠퇴하면서 예전의 영화는 사라졌지만, 과거 교역 도시로 번창하던 시절에 형성된 다양한 문화권의 흔적들이 관광객의 관심을 끌고 있다. 물론 수상 시장은 아직도 번창하고 있다. 배를 타고 시장에 가서 역시 배를 타고 있는 상인들과 흥정하는 일은 우리나라에 없는 특별한 경험이다.

베트남에서
조심해야 할 것들 2

● 정치 이야기

중국만큼은 아니지만 베트남 역시 공산당이 사상을 통제하는 나라다. 경찰 즉 꽁안의 위세도 강하고, 곳곳에 감시와 검열이 있다. 따라서 정치 이야기, 특히 공산당이나 공산주의에 대한 견해를 밝히는 발언은 하지 않는 것이 좋다. 외국인으로서는 아무래도 상관이 없지만(외국인을 보호하는 특별법이 있다), 대화 상대가 베트남인이라면 곤란해할 수 있다.

● 빨간 봉투

베트남 역시 중국과 마찬가지로 빨간 봉투를 좋아한다. 특히 결혼식 부조는 가능하면 빨간 봉투에 하는 것이 좋다. 우리나라처럼 하얀 봉투에 부조금을 담아 주면 굉장히 큰 오해를 받을 수 있다. 조의금으로.

● 설 연휴

베트남은 아직도 농촌 인구가 전체 인구의 3분의 2를 넘는 곳이다. 게다가 가족주의가 무척 강하기 때문에 하노이, 호찌민 등 대도시 주민의 대다수가 설 연휴 때 고향으로 간다. 만약 설 연휴를 이용해 베트남 여행을 갈 생각이라면 대부분의 상점이 문을 닫은 유령 도시를 구경하게 될 것이다. 또한 설 연휴가 무척 길다. 공식적으로는 1주일 정도지만 연가 등을 이 시기에 몰아넣어 보통 2주 정도 쉰다. 추석도 있긴 하지만 2기작, 3기작을 하는 나라라 추수의 의미가 없어 명절 분위기가 덜하다. 베트남에서도 설날에 어린이늘이 세배를 하면 어른들이 세뱃돈을 준다. 물론 빨간 봉투에 넣어.

● **의외로 짧은 여행기간**

대한민국 여권 소지자는 베트남에 사전 비자 없이 입국할 수 있다. 단, 이때 허용되는 입국 기간이 15일뿐이라는 점을 유의해야 한다. 15일이면 여행하기에 충분할 것 같지만 남북으로 2,000킬로미터나 되는 큰 나라고, 육상 교통수단이 시속 50킬로미터를 넘기기 어려운 사정을 감안해야 한다. 베트남을 여행할 때 한 번에 호찌민, 다낭, 하노이 등 주요 도시를 모두 섭렵하려는 일정을 짜면 정신없이 시간에 쫓기다가 허무히 출국 날을 맞이하게 될 수도 있다. 베트남 국내선 비행기를 이용하거나 주요 도시 한 곳을 집중적으로 탐색하는 여행 일정을 짜는 것이 좋다.

우리와 많이 닮은,

베트남의
역사

파란만장한
반만년의 역사

베트남의 역사는 몹시 복잡하다. '제국의 무덤'이라 불릴 정도로 강대국들과 수많은 전쟁을 치른 탓도 있지만, 외세 침략이 아니더라도 워낙 크고 작은 전쟁이 많았던 나라다. 외세가 침략하지 않으면 스스로 외세가 되어 침략을 감행하기도 했고, 또 치열하게 내전을 벌이기도 했다. 평화로운 시기가 별로 많지 않은 파란만장한 역사다.

베트남의 역사는 크게 북쪽의 중국, 남쪽의 참파와 싸우면서 성장했다. 중국의 침략에 버티면서 참파를 흡수해 가는 과정이라고 보면 된다. 중국의 침략을 늘 성공적으로 막아 낸 것은 아니라서 한나라, 당나라, 명나라 시절에는 중국에 지배받는 수모를 겪기도 했지만 이를 순순히 받아들인 적은 없었다. 늘 끈질기게 저항하는 베트남의 기세에 중국도 질려서 직접적인 통치보다는 명목상의 지배에 만족했다.

베트남은 내부적으로 분열되어 싸우는 경우도 많았다. 삼국시대(통일신라), 고려, 조선, 단 세 왕조로(역사책을 기준으로 《삼국사기》, 《고려사》, 《조선왕조실록》) 2,000년을 간단히 구분할 수 있는 우리나라 역사를 생각하면 안

된다. 만약 베트남 역사를 우리식의 왕조 기준으로 늘어세우면 이렇게
된다.

반랑 왕조 → 어우락 왕조 → 찌에우 왕조 →
첫 번째 중국 지배 → 쯩 자매 → 두 번째 중국 지배 →
전前 리 왕조 → 세 번째 중국 지배 → 응오 왕조 →
12사도 시대 → 딘 왕조 → 전前 레 왕조 → 리 왕조 →
쩐 왕조 → 호 왕조 → 네 번째 중국 지배 → 후後 레 왕조 →
남북조 시대(찐 왕조-꽝남국) → 떠이선 왕조 → 응우옌 왕조

2,000년 동안 왕조가 이렇게 많이 바뀌었으니 우리나라처럼 500년,
1,000년 이어진 왕조는 찾아볼 수 없고, 그나마 100년 이상 이어진 왕
조도 리 왕조, 쩐 왕조, 후 레 왕조 정도다. 보통 2, 3대만에 왕조가 무너
지곤 했는데, 왕조가 하루아침에 무너지지는 일은 없기 때문에 베트남의
역사는 수많은 내전과 찬탈로 얼룩져 있다. 중국의 끊임없는 침략까지
가세하니 여기에 대면 우리나라 역사는 아주 평화로운 슬로모션으로 보
일 정도다. 심지어 이 역사는 하노이를 중심으로 한 북쪽 지역의 역사다.
남쪽 지역을 지배했던 참파의 역사와 왕조까지 더하면 훨씬 복잡해진다.

비엣족의 뿌리,
반랑 왕국

베트남의 역사도 반만년 역사를 자랑하는 우리 역사 못지않다. 우리는 단군왕검이 기원전 2333년에 고조선을 세웠다는 신화를 기준으로 반만년 역사를 이야기하는데, 베트남은 무려 기원전 2919년 훙 브엉Hùng Vương(브엉은 베트남 말로 '왕'이란 뜻이다. 그래서 훙왕 이렇게 불러도 된다)이 반랑 Văn Lang 왕국을 세웠다는 신화를 기준으로 반만년 역사를 이야기한다.

물론 어디까지나 신화일 뿐이다. 다만 기원전 700년경 중국 남방에 머물던 락비엣Lạc Việt(비엣이라는 이름이 처음 등장한다)이라는 민족이 남쪽으로 내려와 홍강 일대 토착민과 결합해 나라를 세운 정황은 여러 청동기 유물의 출토로 확인되었다. 이 나라 이름이 정확히 반랑인지는 확인되지 않았지만 통상 이 시대를 반랑 시대라 한다.

춘추전국시대까지만 해도 장강(양쯔강) 남쪽의 푸젠성, 광둥성, 광시성, 윈난성 일대는 한족이 아니라 여러 비엣족의 영역이었다. 락비엣은 그 중 하나이며, 이 밖에도 수많은 비엣족이 중국 남방에 여러 부족국가를 세웠다. 중국인들은 아주 많다는 의미로 백百이라는 글자를 쓰기 때문에 이들 부족국가들을 '백월百越'이라 불렀다.

간혹 베트남 국수주의자들이 양쯔강 남쪽을 거의 대부분 지배하는, 엄청나게 거대한 고대 반랑의 지도를 그리는 경우가 있는데 실제 반랑의 영토는 오늘날 하노이 일대에 불과하다. 다만 이 넓은 영역은 반랑 영토는 아니지만 모든 비엣족 즉 백월의 영역은 맞다.

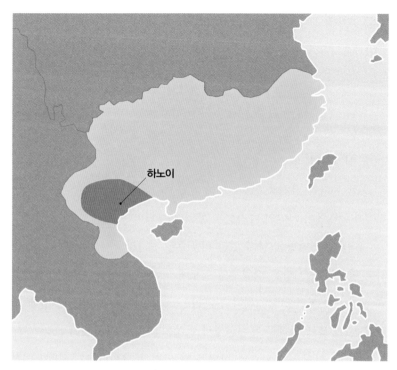

하노이

국수주의자들이 주장하는 반랑 영토(노란색)와
실제 반랑 영토(빨간색) 비교

중국 땅에 세워진
남비엣

진시황이 중국을 통일하면서 비엣족은 큰 위기를 맞이했다. 이들은 점점 팽창하는 한족에게 압박을 받아 남쪽으로 이동할 수밖에 없었다. 그러던 중 이전부터 진나라와 국경을 마주했던 윈난 지역의 어우비엣Âu Việt족은 홍강을 따라 남하하다 반랑을 정복하고 어우락 왕국을 세웠다. 어우비엣과 락비엣이 하나의 나라를 이루었다는 의미다.

한편 중국 남방에 남아 있던 비엣족은 진나라에게 차례차례 정복당하고 말았다. 진시황은 백월족의 영토에 남해군, 계림군, 상군을 설치하고 관리들을 파견했다. 그러나 진나라는 중국을 통일한 지 24년만에 멸망했고, 그 틈에 남해군 용천현에서 현령을 지내고 있던 조타趙佗가 남해군, 계림군, 상군을 무력으로 합병한 뒤 나라를 세웠다. 그 나라가 바로 '남비엣'이다. 조타는 비록 한족이지만 그의 세력 기반이 비엣족이었기 때문에 본인도 이름을 비엣족식으로 찌에우 다Triệu Đà라 바꾸고, 복장이나 풍속도 비엣족식으로 했다. 이로써 베트남(비엣남)이라는 이름이 처음 역사에 등장했다. 그런데 당시 남비엣의 영토는 오늘날 베트남과 별 상관없는 중국 남부 지방이다. 물론 여기 살고 있던 사람들 대개가 한족이 아니라 비엣족이었기 때문에 비엣족의 나라임에는 틀림없다.

진나라 멸망 이후 혼란기를 수습하고 중국을 다시 통일한 한나라 고조(유방)는 북쪽에서 거세게 침략해 오는 강적 흉노와 싸워야 했기 때문에 남비엣의 독립을 묵인해야만 했다. 그리하여 찌에우 다를 남월왕南越王에

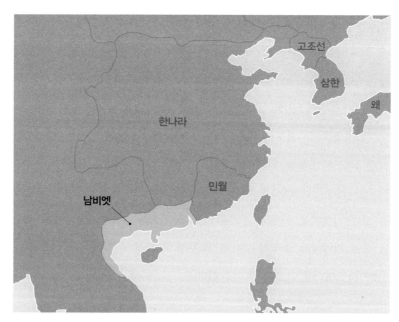

찌에우 다 시대의 남비엣 영토

책봉하고 동맹을 맺었다. 그러다 고조가 죽고 한나라 조정이 어수선해지자 찌에우 다는 한나라의 책봉을 거부하고 황제를 자처했다. 당시 한나라의 실권자인 여태후가 여러 차례 군대를 보내 남비엣을 굴복시키려 했지만 찌에우 다는 이를 모두 격파했다.

찌에우 다는 영토를 계속 확장해 나갔다. 그는 황제라는 이름에 걸맞게 모든 비엣족을 통일하고자 했다. 당연히 어우락도 합병 대상이었다. 기원전 179년, 찌에우 다가 마침내 어우락까지 합병함으로써 남비엣은 모든 비엣족을 아우르는 제국이 되었다. 당시 남비엣은 오늘날 베트남 북부 지역에서 중국의 광시성, 광둥성, 푸젠성 지역에 이르는 등 무려 4,000킬로미터에 이르는 큰 나라였다.

1,000년간 이어진 중국의 지배와
베트남의 항전

광활한 영토를 자랑하던 남비엣이지만 100년을 넘기지 못했다. 한나라 무제는 숙적 흉노를 무찌르고 비단길을 장악해 한나라를 대제국으로 키웠다. 반면 남비엣을 다스리던 찌에우 다의 손자 반 브엉Bàn Vương은 무능하고 우유부단했다. 한 무제의 장군 로보덕路博德과 양복楊僕이 쳐들어오자 남비엣은 허무하게 멸망하고 말았다(기원전 111). 한 무제는 남비엣의 영토에 난하이南海, 창우蒼梧, 위린郁林, 허푸合浦, 쟈오찌交趾, 끄우쩐九眞, 녓남

日南 등 한 7군을 설치했다. 이 중 오늘날 베트남 영토에 속하는 곳은 쟈오찌, 끄우쩐, 녓남 등 3개 군이며, 나머지 4개 군은 현재 중국 영토다(그래서 한자 발음을 오늘날 베트남 영토인 곳은 베트남식으로, 중국 영토인 곳은 중국식으로 표기했다).

이때부터 1,000년 동안 이어진 중국의 지배, 베트남의 항전이 시작되었다. 그 가운데 가장 유명한 항전은 서기 40년, 한나라 광무제 시절에 있었던 쯩 짝Trưng Trắc, 쯩 니Trưng Nhị 자매의 항전이다. 이 쯩 자매의 언니 쯩 짝은 탁월한 전략가, 동생 쯩 니는 용맹한 전사였다. 쯩 자매는 남비엣을 통치하던 한나라 관리 소정蘇定을 쫓아낸 뒤 남비엣의 독립을 선포하고 왕위에 올랐다.

광무제는 즉시 명장 마원馬援(삼국지의 유명한 장군 마초의 조상)을 남비엣으로 파견했다. 쯩 자매는 결사적으로 항전했지만 결국 마원을 당해 내지 못하고 전사하고 말았다. 그럼에도 오늘날까지 쯩 자매는 베트남 사람들에게 민족정신, 저항정신의 상징으로 많은 존경을 받고 있으며, 이들의 이름을 딴 길이 베트남 도시 곳곳에 있다.

쯩 자매는 죽었지만 저항은 끝나지 않았다. 마원이 돌아가자 비엣족은 기다렸다는 듯이 곳곳에서 다시 저항을 이어 갔다. 심지어 한족도 저항 행렬에 대거 가세했다. 한나라에서 이주해 온 한족도 관리들의 부패와 탐욕 때문에 괴롭긴 마찬가지였던 것이다. 비엣화된 한족이 늘어났다.

한나라가 멸망한 뒤 남북조시대의 혼란기에 접어들어 남비엣은 어정쩡한 자치 상태, 독립된 나라도 아니고 중국에 속한 영토도 아닌 상태로 수백 년을 보냈다.

그러다 당나라가 세워지자 사정이 달라졌다. 당나라는 중국 역사상 가장 강대하고 공격적인 나라로 주변 경쟁국들을 속속 멸망시켰다. 고구려가 멸망했고, 돌궐이 밀려났다. 반독립 상태로 있던 남비엣을 용납할 리 없다. 당나라는 이 지역에 안남도호부를 설치하고 절도사를 파견해 직접 지배했다. 흔히 베트남의 또 다른 이름으로 알려진 '안남安南'이 여기서 유래되었다.

당나라가 멸망하고 중국이 5대 10국 시대의 혼란기에 빠져들자 남비엣은 독립할 기회를 잡았다. 당시 광저우 절도사 유엄劉龑이 황제를 자처하며 남한을 세웠는데, 황제라 칭하기엔 영토가 작았기 때문에 남비엣을 합병해 덩치를 키우려 했다. 남한이 대군을 이끌고 여러 차례 남비엣을 침공해 오자 당시 절도사라는 중국 관직으로 남비엣을 통치하던 즈엉 딘 응에Dương Đình Nghệ의 사위 응오 꾸옌Ngô Quyền이 박당Bạch Đằng강에서 이를 대파했다. 이 승리는 비엣족이 1,000년간 이어져 온 한족의 지배로부터 벗어나는 결정적인 전환점이 되었다.

숨 가쁜
베트남 왕조사

다이비엣 시대: 1,000년의 중국 지배를 끝장내다

박당강 전투를 계기로 민심을 얻은 응오 꾸옌은 스스로 왕위에 올라 응오Ngô 왕조를 세웠다(939). 그러나 5년 만에 응오 꾸옌이 죽어 왕조는 이내 몰락하고, 12명의 유력한 장군들이 권력을 다투는 12사군 시대, 말하자면 전국시대로 빠져들어 갔다. 탁월한 전술가로 만승왕萬勝王이라 불리던 딘 보 린Đinh Bộ Lĩnh과 그 아들 딘 리엔Đinh Liễn이 12사군을 차례차례 무찌르며 통일을 완수했다(966).

딘 보 린은 베트남을 통일한 뒤 왕이 아닌 황제를 자처하며 나라 이름을 다이꼬비엣Đại Cồ Việt, 大瞿越, 즉 큰 나라 비엣이라 하고 아들 딘 리엔을 남비엣 왕으로 삼았다. 베트남은 이후 수백 년간 남비엣이 아니라 다이비엣이라는 이름을 사용하게 된다. 대당, 대송 등 나라 이름 앞에 대 자를 붙이는 것은 그동안 중국만의 특권이었다. 우리나라도 청일전쟁에서 청나라가 패한 다음에야 중국의 속국에서 벗어나 대한大韓이 되었다. 그러니 남비엣이 아니라 다이비엣이라 부르는 것은 중국과 대등한 중화의 나라임을 선언한 것이다.

그런데 딘 보 린도 말년에는 총기를 잃었다. 큰아들 딘 리엔이 아닌 막내아들 딘 또안Đinh Toàn을 후계자로 지명한 것이다. 이에 딘 리엔은 반란을 일으켜 아버지를 시해했지만, 황제 자리에 단 며칠 앉아 보지 못하고 아버지의 옛 신하들에게 공격받아 목숨을 잃었다. 겨우 여섯 살 된 딘 또안이 황제 자리를 이었지만 당연히 아무 힘이 없었다. 권력은 황태후와 내연 관계에 있었던 레 호안^{Lê Hoàn}에게 돌아갔다.

이 무렵 중국을 다시 통일한 송나라가 베트남을 지배하에 두고자 총사령관 후인보^{侯仁寶}를 앞세워 공격해 왔다. 황태후는 레 호안에게 출병을 요청했지만 레 호안은 황제 자리를 요구했고 결국 자신의 뜻을 이루었다. 이로써 전^前 레^{Lê} 왕조가 세워졌다(베트남 역사에 레 왕조가 두 번 있었기 때문에 전 레, 후 레로 구별한다).

황제 자리에 오른 레 호안은 즉시 전투에 돌입했다. 그는 마치 항복할 것처럼 후인보를 속여 그의 부대를 유인한 뒤 기습해 격파했다. 후인보가 전사했고 북쪽에서는 거란족의 침입이 심각했기 때문에 송나라는 더 이상 전쟁을 계속할 여력이 없었다.

레 호안은 기세를 몰아 오늘날 베트남 중부와 남부 지방까지 차지했다. 이어서 참파를 공격해 참파의 수도 인드라푸라(오늘날의 다낭 일대)를 약탈하고, 참파를 남쪽으로 멀리 밀어냈다. 참파의 왕은 스스로 신하라 칭해 간신히 멸망을 면했다.

.

리 왕조: 드디어 제대로 된 왕조가 서다

전 레 왕조는 레 호안 단 한 대로 끝났다. 레 호안이 죽자 격렬한 내전이 일어났고, 최후의 승자가 된 리 꽁 우언^{Lý Công Uẩn}이 황제가 되었다. 이때부터 리^{Lý} 왕조 시대가 열렸다. 리 왕조는 이후 200여 년간 존속하면서 베트남 민속이 형성되는 데 큰 기여를 했다.

리 꽁 우언은 수도를 탕롱Thăng Long, 즉 오늘날의 하노이로 옮기고 유교적인 통치를 통해 중앙집권국가의 기반을 닦았다. 이후 리 꽁 우언은 타이또Thái Tổ라 불린다(따이또는 우리말로 '태조'다. 베트남말로 우리나라의 ○종은 ○똥, ○조는 ○또로 발음된다.). 특히 성문법 체계를 도입하고 형벌을 오형의 범위로 한정하는 등 합리적인 통치를 통해 종교에 의존하지 않으면서 황제 권력의 정당성을 확보할 수 있었다.

리 왕조는 타이똥Thái Tông 대에 이르러 북쪽 산악 지역의 여러 소수 민족을 복속시키고, 대규모 원정을 감행해 참파를 멸망이나 다름없는 상태로 몰아넣었다.

그 뒤를 이은 타인똥Thánh Tông은 유교적 통치를 강화하는 한편 복장이나 각종 의례 등 중국 문화를 적극적으로 들여왔다. 과거제도를 확대하고 국자감을 설치했으며 중앙정부도 3성 6부제 기반으로 편성했다. 이는 중국을 추종하고 모방해서라기보다는 "우리도 중국이나 다름없음"을 과시하기 위해서였다. 실제로 리 왕조 시절 다이비엣은 주변 나라들로부터 조공을 받고, 그들을 문화적으로 가르치는 중화임을 공공연히 드러냈다.

이때까지도 송나라는 베트남을 지배하고자 하는 의지를 잃지 않았다. 수십만 대군을 편성해 대대적인 침공을 감행했다. 송나라 대군은 다이비엣의 국경을 돌파해 홍강을 사이에 두고 수도인 탕롱이 바라보이는 곳까지 밀고 들어왔다. 다이비엣의 장군 리 트엉 끼엣Lý Thường Kiệt은 이를 두려워하기는커녕 과감하게 홍강을 건너 송나라 대군을 대파했다. 전의를 상실한 송나라는 잡혀간 포로를 받는 대신 밀고 들어왔던 영토를 반환하는 조건으로 강화조약을 맺었다.

참파와 송나라를 모두 제압한 다이비엣은 이제 거칠 것이 없었다. 그런데 엉뚱한 방향에서 침략을 받았다. 다이비엣이 중화를 자처하는 꼴을 용납할 수 없는 나라가 송나라뿐이 아니었던 것이다. 바로 크메르 제국이었다. 크메르는 참파와 동맹을 맺고 서쪽과 남쪽에서 동시에 다이비엣을 침공했다. 오늘날의 캄보디아, 라오스, 타이, 그리고 베트남 남부에 걸친 영토를 다스리던 크메르의 왕 수리야바르만 2세Suryavarman II(앙코르와트를 세운 인물)는 스스로를 동남아시아의 지배자로 여겼다. 그는 점점 강성해지는 비엣족을 밟고자 참파의 왕 인드라바르만 3세Indravarman III를 끌어들여 1128년, 1132년, 1138년에 다이비엣을 침공했다.

그러나 비엣족은 제국 킬러답게 세 차례의 침공을 모두 물리쳤다. 헛수고만 했다고 느낀 참파의 인드라바르만 3세는 더 이상 크메르와 군사 동맹을 맺지 않겠다고 선포하고 발길을 돌렸다.

제국의 왕이자 동남아시아의 지배자 수리야바르만 2세 입장에서는 용납할 수 없는 행동이었다. 다이비엣을 향하던 크메르 군사들은 방향을 돌려 어제의 동맹국 참파를 공격해 수도 비자야를 폐허로 만들었다. 참파의 수난은 이걸로 그치지 않았다. 크메르가 한바탕 비자야를 유린하고 물러나자 이번에는 다이비엣의 보복이 시작되었다.

이 세 차례의 전쟁을 계기로 크메르의 국력은 급격히 기울었고, 동남아시아의 패권은 다이비엣에게로 넘어갔다. 다이비엣은 산족, 몽족, 라오족 등 주변 나라들을 다스리며 중화 노릇을 했다. 그러나 이렇게 위세를 떨치던 리 왕조도 150년을 넘어서면서 서서히 기울었다. 외척들의 횡포가 심해지면서 왕권이 땅에 떨어지기 시작한 것이다. 거기다 이 시기 왕

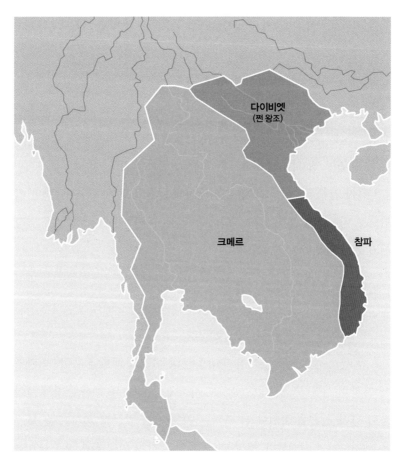

다이비엣, 크메르, 참파

위에 오른 까오똥Cao Tông은 환락에 빠져 흥청망청 방탕한 생활을 하다 국고를 바닥내고 말았다. 이는 고스란히 백성들의 세금 부담으로 전가되었고 백성들은 곳곳에서 반란을 일으켰다. 1209년에는 수도 탕롱에서도 반란이 일어났다. 까오똥은 이들을 스스로 진압할 힘도 용기도 없었다. 결국 수도를 포기하고 홍강 하류와 그 일대 바다에서 세력을 떨치고 있던 호족 쩐Trần씨 가문에 몸을 의탁하는 신세가 되었다.

쩐씨 가문은 어리석은 황제를 대신해 반란을 진압하면서 유력한 집안으로 떠올랐다. 결국 쩐씨 집안의 쩐 투 도Trần Thủ Độ가 리 왕조를 멸망시키고 쩐 왕조를 세웠다(1234).

쩐 왕조 ❶ : 몽골제국과 싸워 이기다

쩐 왕조는 안정적으로 유지되어 근대 이전의 베트남은 이 쩐 왕조 때 가장 번성했다. 그런데도 백성들 사이에 리 왕조에 대한 존경과 그리움이 남아 있음을 확인한 쩐 왕조는 리 왕가를 말살해 혹시 모를 화근을 제거하기로 결심했다. 리 왕조 후손들은 살기 위해 성을 응우옌으로 바꾸었다. 이후 하나의 왕조가 망하면 망한 왕조의 후손들이 보복을 피해 성을 응우옌으로 바꾸는 것이 관행처럼 되어 버렸다. 베트남에 응우옌씨가 유독 많은 까닭이다.

그러던 중 이전의 중국, 크메르와는 비교도 안 되는 상대가 등장했다. 바로 세계를 정복한 몽골 제국이다. 처음에 몽골은 "남송을 치러 갈 테니 실을 빌려 달라"며 다이비엣에 접근했다. 이는 물론 평계였다.

몽골군은 윈난성에서 홍강, 로강을 따라 남하했다. 다이비엣은 저항했으나 세계를 정복한 몽골의 힘은 대단해서 순식간에 수도 탕롱이 함락되었다. 그러나 제국과 싸우는 일에 이골이 난 다이비엣은 저항을 멈추지 않았다. 당시 몽골군은 군량미를 따로 수송하지 않고 식량을 현지 조달하는 방식으로 기동력을 높였다. 다이비엣의 지휘관 쩐 꾸옥 뚜언Trần Quốc Tuấn은 도시를 몽골에게 내주는 대신 식량이 될 만한 것은 도시에 전혀 남겨 두지 않는, 이른바 청야 전술로 맞섰다. 식량이 부족해지면서 몽골군의 사기가 떨어지자 다이비엣군은 이 기회를 놓치지 않고 기습을 가해 몽골군을 격퇴했다. 이것이 몽골의 1차 침입이다.

그러나 몽골은 다이비엣 정복을 쉽사리 포기하지 않았다. 1279년, 남송을 멸망시킨 몽골은 해군을 이용해 참파부터 무너뜨렸다. 몽골은 참파에 관청을 세우고 직접 통치하면서 다이비엣 공격의 거점으로 삼았다. 다이비엣의 신경이 온통 이 남쪽 지역을 향해 있는 틈을 타 몽골은 반대편 북쪽으로 공격을 감행했다(1284). 쿠빌라이 칸Khubilai Kha'an의 아들 토곤Torooн이 지휘하는 50만 대군이었다. 순식간에 수도 탕롱이 함락되었고 황제 년똥Nhân Tông은 간신히 타인호아Thanh Hóa에 임시 조정을 펼쳤다. 황제의 입가에 항복이라는 단어가 맴돌았다.

그러자 쩐 꾸옥 뚜언이 절규했다. "항복을 하려거든 신臣의 목부터 먼저 베소서!"라며. 그리고 〈격장사檄將士〉라는 유명한 글을 써서 전국의 무사와 선비에게 돌렸는데, 이 글을 본 장수, 병사, 심지어 민간인까지 울분에 차 무기를 쥐고 모여들었다고 한다. 그 수는 순식간에 25만 명에 이르렀다. 이에 년똥은 다시 용기를 얻어 항전을 이어 나갔다.

이렇게 모여든 병력을 이용해 쩐 꾸옥 뚜언은 몽골군의 식량 보관 창고를 파괴하는 효과적인 게릴라전술로 몽골군을 괴롭히며 장마철을 기다렸다. 마침내 기다리던 장마철이 왔다. 몽골군의 최대 장점인 기마술은 비에 젖어 질퍽이는 땅 위에서 무용지물이 되었다. 이때를 노려 쩐 꾸옥 뚜언은 허우적거리는 몽골 기병대를 전면적으로 공격해 크게 무찔렀다.

그럼에도 쿠빌라이는 물러서지 않았다. 이번에는 식량을 바다로 수송하는 작전을 세워 다시 쳐들어왔다. 이를 간파한 쩐 꾸옥 뚜언은 오늘날 관광지로 유명한 할롱Hạ Long(하롱베이)으로 몽골군을 유인했다. 이곳은 섬들이 빽빽이 들어서 있고, 안개가 자주 끼는 곳이다. 다이비엣군은 섬과 안개를 이용해 전함을 숨겨 두었다가 식량을 수송하는 몽골 함대를 습격했다. 이렇게 다이비엣은 3차에 걸친 몽골의 침입을 모두 격파했다. 당시 세계에서 몽골과 싸워서 이를 격퇴한 나라는 다이비엣뿐이다.

쩐 꾸옥 뚜언은 우리나라로 치면 충무공에 버금가는 흥다오브엉Hưng Đạo Vương이라는 칭호를 받았다. 그래서 그는 오늘날에 쩐 흥 다오Trần Hưng Đạo라는 이름으로도 많이 불린다. 베트남을 여행하다 보면 여러 도시에서 쩐 흥 다오 길을 만날 수 있다.

북쪽 몽골의 압박을 해소한 쩐 왕조는 기세를 몰아 남쪽으로 참파를 계속 압박했다. 마침내 아인똥Anh Tông 대에 이르러 비자야를 함락하고 참파 국왕을 생포해 항복을 받아 냈다. 항복을 받아 내고도 참파를 합병하지 않은 까닭은 황제 나라가 되려면 조공을 바치는 번국들이 있어야 했기 때문이다. 크메르를 무찌르고 몽골을 막아 냈으며 참파를 굴복시킨 나이비엣은 누가 뭐래도 동남아시아 지역의 제국이자 중화였다.

할롱의 절경
배를 숨겨 두기 좋은 곳이다

　우리와 많이 닮은, 베트남의 역사

쩐 왕조 시절 거침없던 다이비엣은 엉뚱하게도 이미 망한 것이나 다름없던 참파 때문에 무너졌다. 참파의 마지막 영웅 포 비나수오르Po Binasuor, 베트남어로는 쩨 봉 응아Chế Bồng Nga가 그 주인공이다.

사실 참파는 인구로 보나 경제력, 기술력으로 보나 그렇게 약한 나라는 아니었다. 다만 베트남처럼 중앙집권제를 이루지 못했고, 힌두교와 불교, 이슬람교 등 여러 종교 간의 내분이 잦았을 뿐이다. 포 비나수오르는 이 내분을 잠재우고 참파를 강력한 중앙집권국가로 재편하는 데 성공했다. 통일에 성공한 포 비나수오르는 베트남에게 빼앗긴 영토 회복을 선언했다. 먼저 해양 민족답게 함대로 다이비엣 국경 수비대 배후에 상륙해 참파의 원래 수도였던 인드라푸라(다낭)를 되찾았다. 다이비엣은 코웃음을 치며 지상군을 전진시켰으나 그마저 대패하고 말았다. 참파의 자신감과 사기가 하늘을 찔렀다. 공포의 대상이었던 비엣족이 더 이상 두려운 상대가 아님을 확인한 것이다.

포 비나수오르는 잃어버린 옛 땅 회복에 만족하지 않고 다이비엣의 수도인 탕롱을 공격해 이를 함락시켰다. 다이비엣의 궁궐이 불탔고 수많은 포로가 참파로 잡혀갔다(1371).

5년 뒤 포 비나수오르는 12만 대군을 이끌고 대규모 복수전을 감행한 다이비엣을 다시 격파했다. 이 싸움에서 주에똥Duệ Tông 황제가 잡혀 죽고, 12만 대군은 거의 전멸했다. 다이비엣은 멸망 위기에 처했다.

이때 다이비엣의 구원자가 나왔다. 응에똥Nghệ Tông 황제의 사촌인 호 꾸이 리Hồ Quý Ly가 그 주인공이다. 포 비나수오르에게 연전연패하던 호 꾸이 리는 마침내 비장의 신무기 화포를 확보했다. 이 사실을 알지 못한 포 비나수오르는 1390년 대규모 함대를 몰고 홍강을 거슬러 올라왔다. 함대의 규모로 보나 남쪽, 북쪽에서 밀려오는 육군의 배치로 보나 다이비 엣을 역사의 무대에서 완전히 지워 버릴 기세였다. 하지만 거기까지였다. 전혀 예상치 않았던 화포의 집중 사격을 받고 포 비나수오르는 폭사하고 말았다.

하지만 무너진 것은 참파뿐이 아니었다. 쩐 왕조 역시 그 운명을 다했다. 참파의 침략에 속수무책이었던 쩐 왕조는 이미 권위를 잃었다. 민심은 민족을 구한 호 꾸이 리에게 넘어갔다. 쩐씨가 리씨에게 그랬듯이 선양의 형식으로 황제 자리를 물려받은 호 꾸이 리는 나라 이름을 다이 응우 Đại Ngu, 大虞라 하고 수도를 자신의 세력 기반인 타인호아로 옮겼다.

이로써 리 왕조, 쩐 왕조를 이어 가며 400년간 유지되던 다이비엣이라는 국호가 바뀌었다(1400). 왕조가 바뀌자 쩐씨들은 숙청을 피해 서둘러 성을 응우옌으로 바꾸었다. 리씨를 숙청하면서 응우옌씨를 강요했던 쩐씨가 목숨을 부지하기 위해 응우옌씨가 된 것이다. 얄궂은 역사의 반복이다.

레 왕조 ❶: 명나라를 격파하고 최장수 왕조를 세우다

호 꾸이 리가 쩐 왕조를 무너뜨리고 있을 때 저 위에서 그런 호 꾸이 리를 노려보고 있는 인물이 있었다. 바로 명나라 영락제다.

영락제는 공격적인 대외 정책을 펼치던 황제다. 국경을 맞대고 있는 나이응우를 그냥 둘 리 없었다. 조선은 알아서 신하의 나라를 자처하며 꼬박꼬박 조공을 바치니 문제 될 것이 없지만 다이비엣이니 다이응우니 하면서 나라 이름 앞에 '큰 대' 자를 붙이고 황제를 자처하며 독자적 연호를 사용하는 베트남은 당연히 정벌의 대상이었다.

마침내 영락제는 "감히 신하 된 자로서 임금을 죽이고 나라를 찬탈하다니, 대국의 황제로서 용서할 수 없다"라는 명분을 세워 호 꾸이 리를 벌한다는 핑계로 다이응우를 침공했다. 몽골제국까지 막아 낸 베트남이지만 참파와의 전투 직후라 명나라를 상대할 만한 힘은 남아 있지 않았다. 결국 호 꾸이 리는 명나라로 잡혀가 처형당하는 어이없는 최후를 맞이하고 말았다.

이후 명나라는 다이응우를 합병하고 관리를 파견했다. 이로써 베트남은 딘 보 린이 송나라를 무찌르고 독립을 쟁취한 지 400년 만에 다시 중국의 지배를 받는 처지가 되었다(1407).

그러나 '제국의 무덤' 베트남 백성은 순순히 명나라의 지배를 받아들이지 않았다. 곳곳에서 저항군(명나라 입장에선 반란군)이 들고 일어났다. 이 중 가장 유명한 저항군 지도자가 베트남의 민족 영웅 레 러이Lê Lợi다.

레 러이는 베트남이 다시 중국의 지배를 받게 된 10년 뒤인 1418년, 전국에 통문을 돌리고 의병을 조직해 독립 전쟁을 일으켰다. 그러나 영락제가 보낸 대규모 토벌군에게 크게 패하고 산악 지역으로 도주했다. 그는 포기하지 않고 게릴라전을 펼치며 끈질기게 명나라를 괴롭혔다.

그러던 중 영락제가 서거했다(1424). 명나라의 국력이 빠르게 기울었다. 이 기회를 놓치지 않고 레 러이는 명나라 군대와 정면 대결을 펼쳐

연전연승을 거두었다. 특히 똣동쭉동Tốt Động-Chúc Động 대첩(1426)에서 명나라 10만 대군 중 5만 명을 무찌르고 1만 명을 포로로 잡는 대승을 거두었다.

결국 명나라는 레 러이를 '안남국왕'으로 책봉한다는 허세를 부리며 철수했다. 물론 레 러이는 안남국왕이라는 호칭 따위는 무시해 버리고 다시 국호를 다이비엣이라 칭하며 동낀Đông Kinh, 오늘날의 하노이를 수도로 해 타이또 황제가 되었다.

타이또는 전쟁에만 능한 게 아니라 정치에도 능했다. 우선 명나라로 인해 어수선해진 나라의 기틀을 바로잡았다. 전국을 5도로 나누고 그 아래에 로, 부, 현을 설치해 지방관을 파견했고, 균전제를 실시해 농민에게 토지를 분배하는 등 과감한 개혁 정책을 실시했다. 이때 농민에게 나누어 준 토지는 명나라 부역자들의 토지를 몰수해 충당했다. 또한 유교를 통치 이념으로 삼아 국자감을 중심으로 전국에 유교를 가르치는 학교를 세웠고, 과거제도를 통해 신분과 상관없이 유능한 관리들을 선발했다.

이후 레 왕조의 초기 100년은 베트남 역사상 국력이 가장 강력하고 문화는 찬란하게 빛났던 시기다. 특히 그 정점이 되었던 시기는 타인똥이 재위했던 1460년부터 1497년까지의 40년이다. 실제로 타인똥이 오늘날 베트남 사람들에게 받는 존경은 우리나라의 세종대왕에 버금간다. 이 무렵에 편찬된 《국조형률國朝刑律》이라는 책은 베트남에 남아 있는 가장 오래된 성문법이기도 하다.

역시나 세종대왕과 마찬가지로 타인똥은 영토 확장에도 적극적이었다. 당시 다이비엣은 인구가 급증해 농토가 부족했고 레 왕조의 근거지였던 타인호아, 응에안 출신 무인들과 탕롱을 비롯한 홍강 삼각주 출신 문신들의 반목이 심해 국내외적 대안책이 필요했다.

이번에도 희생양은 참파였다. 당시 참파는 베트남이 명나라의 지배를 받는 틈을 타 다시 다낭 일대까지 세력을 키우고 있었다. 타인똥은 25만 대군을 몰고 참파를 공격했다. 참파군은 6만 명의 전사자, 3만 명의 포로라는 끔찍한 피해를 입었고 영토의 대부분을 빼앗겼다. 타인똥은 새로 획득한 영토에 꽝남도를 설치했다. 이제 참파는 투언호아Thuận Hóa, 즉 오늘날의 후에 일대의 도시국가로 전락하고 말았다.

참파를 정리한 타인똥은 군대를 서쪽으로 돌렸다. 이번에는 라오스가 희생양이 되었다. 18만 대군을 이끈 타인똥은 라오스 북부 지방을 다이비엣의 영토로 삼았다. 이로써 다이비엣은 또다시 주변 나라들에게 공포의 대상이 되었고, 마치 중국이 그러했듯 오늘날 인도차이나반도에 있던 여러 소수민족의 조공을 받는 나라가 되었다.

중국의 침략에 맹렬히 저항하면서도 이웃 나라들에게는 중국과 마찬가지로 잔혹한 정복자가 되었던 베트남의 이중적인 모습은 1970년대까지도 계속되었다.

레 왕조 ❷: 남북의 분열을 초래하다

달도 차면 기우는 법, 찬란했던 레 왕조 역시 타인똥 서거 이후 기울어지기 시작했다. 타인똥의 뒤를 이은 히엔똥Hiến Tông이 6년, 뚝똥Túc Tông이 1년 만에 서거하면서 황실이 흔들렸다. 이후 황제들은 단명하거나 폭정을 일삼았다. 특히 뜨엉즉 황제는 각종 토목, 건설 공사를 너무 많이 벌려 백성의 원망을 샀고, 곳곳에서 반란이 일어났다.

나라가 어지러워지고 반란이 계속 터지면 군인들의 힘이 세지기 마련이다. 이 중 가장 강력했던 군벌이 막 당 중Mạc Đăng Dung이다. 이 사람은 원래 가난한 어부 출신이었지만 힘과 용기가 뛰어나 무관으로 발탁된 인물이었다. 한낱 하급 무관에 불과했으나 걸핏하면 일어난 반란들 덕분에 계속 공을 세워 승진을 거듭했고, 기어코 모든 권력을 장악한 뒤 황제 자리에 올라 막Mạc 왕조를 세웠다. 그러나 레 왕조의 충신들이 즉시 반격해 막 당 중은 중국 국경 지방 까오방Cao Bằng으로 쫓겨났다. 다시 레 왕조가 세워지고, 막 왕조는 한동안 까오방 지역에서 지방정권으로 명맥을 이었다.

이러한 과정 속에서 레 왕조의 황제는 허수아비나 다름없는 처지로 전락하고 말았다. 막 당 중을 몰아내며 큰 공을 세운 찐 뚱Trịnh Tùng과 응우옌 호앙Nguyễn Hoàng의 세력이 너무 막강해진 탓이다. 이들은 각각 다이비엣의 북쪽과 남쪽에서 '쩌우Châu'(군주라는 뜻)라 불렸다. 이때부터 다이비엣은 탕롱, 타인호아를 중심으로 하는 찐 쩌우와 푸쑤언을 중심으로 하는 응우옌 쩌우의 나라로 나누어진, 사실상 남북국 시대가 되었다.

지도(92쪽)상으로는 두 세력이 비슷해 보이지만 찐 쩌우가 더 강했다. 찐 쩌우는 홍강 삼각주 일대의 비옥한 영토를, 응우옌 쩌우는 산맥을 제외하면 폭이 100킬로미터도 안 되는 좁고 긴 영토를 차지하고 있을 뿐이며, 찐 쩌우는 명목상이지만 레 왕조의 황제를 끼고 있어 황제의 이름으로 명령을 내릴 수 있는 위치에 있었기 때문이다.

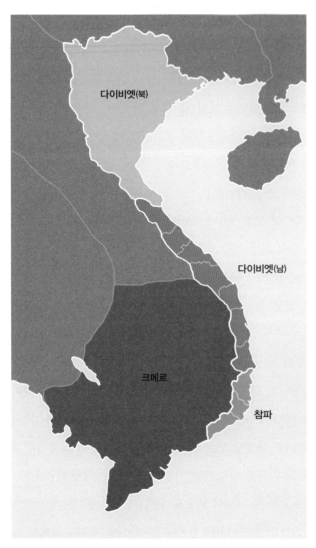

다이비엣의 남북국 시대
북쪽은 쩐 쩌우, 남쪽은 응우옌 쩌우가 지배했다

꽝남국: 영리하고 공격적인 남진 정책을 펼치다

응우옌 쩌우는 레 왕조의 신하지만 사실상 독립국가나 다름없이 중남부 지방을 다스렸다. 그래서 이들의 영역을 꽝남국이라고도 부른다.

찐 쩌우와의 대결에서 꽝남국은 늘 수세였다. 찐 쩌우 쪽에 비해 병력과 물자가 부족했고 무엇보다도 영토가 온통 산악투성이라는 점이 꽝남국의 가장 큰 고민이었다. 꽝남국은 돌파구가 필요했다. 바다가 펼쳐진 동쪽, 말라리아가 창궐하는 정글과 산맥으로 가로막힌 서쪽을 피해 남쪽으로 영토를 넓히는 것이 최선이었다.

당시 꽝남국의 남쪽에는 참파와 캄보디아가 있었다. 응우옌 쩌우는 참파의 영토를 빼앗은 뒤 그 땅에 찐 쩌우와의 싸움에서 사로잡은 수만 명의 포로를 이주시켜 비엣족 거주지로 만들어 버렸다. 이 비엣족이 참파인과 혼혈을 이루면서 참파는 민족으로도 거의 소멸되고 말았다.

이어서 꽝남국은 캄보디아가 차지하고 있던 드넓은 메콩강 유역에 눈독을 들였다. 찐 쩌우가 차지하고 있는 홍강 삼각주를 능가하는 동남아시아 최대 곡창지대, 1년에 벼농사를 세 번이나 지을 수 있는 곳이 바로 메콩강 삼각주 지역이다. 당시 메콩강 삼각주에는 습지와 밀림으로 덮인 미개척지가 가득했는데, 꽝남국은 이를 함께 개간하자며 캄보디아 왕실에 접근했다. 당시 타이의 압박에 시달리던 캄보디아는 꽝남국과 손잡으면 타이를 막을 수 있으리라 생각하고 이 제안을 기쁘게 받아들였다.

그러나 꽝남국은 캄보디아와 함께 개척한 자딘Gia Định(사이공)을 빼앗고 캄보디아의 수도인 프놈펜까지 쳐들어갔다. 프놈펜은 맥없이 함락되었고 캄보디아 왕은 메콩강 삼각주의 드넓은 영토를 꽝남국에 내주고서야

풀려날 수 있었다.

　이후 캄보디아의 역사는 굴욕의 연속이다. 꽝남국이 물러가자 곧장 타이가 쳐들어와 프놈펜을 점령한 뒤 친비엣 성향의 정부를 전복시키고 친타이 성향의 왕을 앉혔다. 물론 꽝남국이 가만있을 리 없었다. 꽝남국은 다시 프놈펜을 점령하고 임금을 갈아 치웠다. 캄보디아는 꽝남국과 타이의 핑퐁 게임 탁구공 신세로 전락했고, 얼마 지나지 않아 메콩강 하류의 드넓은 영역은 모조리 꽝남국 차지가 되어 버렸다.

떠이선 왕조: 혁명의 바람과 함께 짧고 굵게 불타오른 비운의 영웅이 나타나다

　북쪽의 찐 쩌우와 남쪽의 응우옌 쩌우의 힘겨루기가 계속되면서 베트남 농민들의 삶은 이루 말할 수 없이 어려워졌다. 두 집안 모두 군사력을 키우고 영토를 확장하는 데 몰두할 뿐 민생에는 소홀했기 때문이다. 농토는 생계의 근원이 아닌 세금의 근원이 되어 버린 지 오래였다. 수많은 농민이 유랑민이 되거나 산적이 되었다.

　마침내 떠이선Tây Sơn 출신의 응우옌 냑Nguyễn Nhạc, 응우옌 르Nguyễn Văn Lữ, 응우옌 후에Nguyễn Huệ 삼 형제를 지도자로 하는 대규모 농민 봉기가 일어났다(1771). 응우옌 삼 형제가 응우옌씨 정권을 상대로 반란을 일으켰다고 하니 집안싸움같이 들릴 수 있겠지만 이들은 꽝남국을 다스리던 응우옌씨와 아무 상관없는 집안이다. 그러니 앞으로 이들을 지칭할 때는 혼동을 피하기 위해 떠이선 삼 형제라 하고('떠이선'은 이들 형제가 태어난 마을 이름이다), 응우옌은 꽝남국의 지배자였던 집안에만 한정해 사용하기로 하자.

떠이선 삼 형제는 자신들이 일으킨 군대를 의병이라 칭하며 권문세도가의 재물을 빼앗아 빈민들에게 나누어 주고, 점령한 지역의 땅을 농민들에게 균등히 나누어 주어 가난한 농민들의 폭발적인 지지를 받았다. 반대로 지주들에게는 저주의 대상이 되었다.

외부로 영토를 늘리다 오히려 내부에서 큰 적을 만난 응우옌 쩌우는 이들을 진압하기는커녕 오히려 연전연패를 당했다. 마침내 떠이선 삼 형제는 꽝남국의 남쪽 영토인 꾸이년Quy Nhơn에서 꽝응아이Quảng Ngãi 일대까지 세력을 펼친 뒤 꽝남국의 수도 푸쑤언(후에)을 향해 밀고 올라갔다. 응우옌 쩌우는 할 수 없이 멀리 남쪽 자딘(사이공)으로 수도를 옮겼으나 뛰어난 전술가인 응우옌 후에가 그마저도 함락시키고 응우옌 왕가 사람들을 모두 처단했다. 이로써 레 왕조 아래에서 100년 이상 독립국가처럼 유지되어 온 응우옌 쩌우의 꽝남국이 무너졌다.

이 와중에 간신히 목숨을 건지고 탈출한 응우옌의 마지막 왕손이 있었다. 열세 살 소년 응우옌 푹 아인Nguyễn Phúc Ánh이었다. 그는 어린 나이에 걸맞지 않은 노련한 정치력과 지휘력을 발휘해 꽝남국의 남은 세력을 모으고 타이를 끌어들여 떠이선 삼 형제에 대항했다.

타이 왕 라마 1세Rama I는 즉각 반응했다. 그는 떠이선 삼 형제를 무찌른 뒤 캄보디아와 베트남을 모두 자신의 손아귀에 넣고 동남아시아의 지배자가 되겠다는 야심을 품고 있었다. 3만의 군대와 300척의 전함이 메콩강을 따라 베트남 영토에 진입했다. 하지만 응우옌 후에는 이들을 미토에서 요격해 전멸시켜 버렸다. 응우옌 푹 아인은 이 싸움에서도 간신히 살아남아 타이로 도망쳤다.

여기서 응우옌 후에와 큰형 응우옌 냑의 생각이 갈렸다. 응우옌 냑은 꽝남국 영토에 만족했지만 응우옌 후에는 찐 쩌우까지 쳐서 베트남을 통일하고, 나아가 청나라 영토가 된 광시성, 광둥성까지 점령해 과거 남비엣의 영광을 다시 찾겠다는 큰 야망이 있었다.

결국 응우옌 후에는 큰형의 명령을 어긴 채 탕롱으로 진격했다. 찐 쩌우는 제대로 된 대응을 하지 못했다. 응우옌 후에는 한 달 만에 찐 쩌우를 쓰러뜨리고 탕롱에 입성했다(1786). 이로써 떠이선 삼 형제가 이끈 농민 봉기는 남쪽의 응우옌 쩌우, 북쪽의 찐 쩌우를 모두 무찌르는 쾌거를 이루었다.

그런데 큰형 응우옌 냑은 막내가 자신의 명령을 어기고 군사적 행동을 했다는 것에 오히려 격분했다. 그는 즉시 탕롱으로 올라와 응우옌 후에를 푸쑤언으로 돌려보냈다. 이후 응우옌 냑은 본거지인 꾸이년 지방에 자리 잡아 황제가 되었고, 둘째 응우옌 르는 자딘, 미토 등 메콩강 유역에, 셋째 응우옌 후에는 푸쑤언(후에), 다낭 일대에 두어 왕으로 삼았다. 홍강 일대는 레 왕조의 영토로 남겨 주었다.

레 왕조의 마지막 황제 찌에우통Chiêu Thống은 떠이선 삼 형제가 황제와 왕을 자처하자 불안해졌다. 그렇다고 이들과 맞설 힘도 없으니 그만 청나라에 구원을 요청하고 말았다. 평생을 중국과 싸워 나라를 되찾은 레 러이의 후손이 백성을 토벌해 달라며 중국군을 불러들인 것이다.

몽골과 위구르를 정벌해 대제국을 이룬 청나라 건륭제에게 다이비엣은 늘 눈엣가시 같은 존재였는데 그 황제가 스스로 허리를 숙이고 왔으니 마다할 이유가 없었다. 건륭제는 찌에우통에게 쥐어 줄 안남국왕 임명장을 앞세워 무려 30만 대군을 탕롱으로 보냈다.

푸쑤언에 있던 응우옌 후에는 분노했다. 레 왕조 황제라는 자가 제 손으로 중국 대군을 불러들인 것으로도 모자라 안남국왕의 임명장을 받아들이다니 부끄럽기 짝이 없었다. 레 왕조를 더 이상 인정할 수 없게 된 응우옌 후에는 스스로 황제 자리에 올라 연호를 '꽝쯩Quang Trung'이라 하고, 청나라와의 항전을 선포했다.

전략의 귀재 응우옌 후에는 청나라가 전혀 예상치 못한 방법을 사용했다. 그건 바로 10만 대군을 번개같이 몰고 가 탕롱을 기습하는 것이었다. 청나라군은 아직 전쟁을 할 준비가 되어 있지 않은 상태였다. 응우옌 후에가 지휘하는 군사들의 공격이 어쩌나 빨랐는지 청나라 장군들은 싸움은커녕 갑옷도 챙겨 입지 못하고 허둥지둥 도망쳤다.

그런데 응우옌 후에는 청나라를 상대로 대승을 거둔 뒤 오히려 자세를 낮추었다. 중국을 상대로 크게 이겼으되 적당히 체면을 세워 주면서 물러설 기회를 마련해 주는 것이 현명한 마무리라는 것을 알고 있었던 것이다. 건륭제 역시 패배를 인정하지 않고도 전쟁을 끝낼 기회를 마다하지 않았다. 그 사죄를 받아들이며 "응우옌 꽝 빈Nguyễn Quang bình을 안남국왕에 책봉한다"는 칙서를 내렸다.

잠깐, 응우옌 꽝 빈이라고? 이 사람은 대체 누구인가? 응우옌 후에는 자신의 이름이 아닌 엉뚱한 사람 이름으로 건륭제에게 사죄하고 책봉을 요청한 것이다. 심지어 안남국왕 임명장을 받는 자리에는 응우옌 후에와

닭은 조카 팜 꽁 찌Phạm Công Trị가 대역으로 참석했다. 더욱 흥미로운 것은 청나라 조정에서도 안남국왕 이름이 가짜라는 것, 임명장을 받으러 온 자가 응우옌 후에가 아니라는 사실을 다 알고 있었다는 것이다. 하지만 모르는 척했다. 공연히 가짜가 나타났다며 전쟁을 다시 벌일 이유가 없었다.

청나라의 위협을 해결한 응우옌 후에는 남쪽의 형들, 특히 큰형의 동정에 촉각을 곤두세웠다. 푸쑤언의 응우옌 후에, 꿔년의 응우옌 냑이 모두 황제를 자처했기 때문에 베트남이 사실상 다시 두 나라로 갈라진 셈이 되었다. 물론 응우옌 후에의 세력이 훨씬 강했기 때문에 보통 떠이선 왕조라 하면 응우옌 후에 쪽을 일컫는다.

이들 형제는 각각 자신의 영토에서 과감한 개혁 정책을 실시했다. 지주와 관리의 땅을 몰수해 농민에게 나누어 주어 유랑민이나 산적이 된 농민들을 정착시켰고, 민족의식을 고취시키고자 한문 대신 쯔놈으로 각종 문서나 문학작품을 편찬하게 했다. 심지어 과거 시험도 한문이 아니라 쯔놈으로 치렀다. 떠이선 왕조가 지배하던 시기는 몇 십 년에 지나지 않았지만 이 짧은 시간 동안 중국 문화와 확실하게 구별되는 베트남 고유의 민족문화가 그 기틀을 잡았다.

한편 타이로 도망친 응우옌 푹 아인이 여전히 골칫거리였다. 그동안 그는 망명지 타이에서 라마 1세의 지원을 받으며 각종 내란을 진압하고 말레이 지역을 정벌하는 등 착실하게 실력을 닦았다. 이후 떠이선 삼 형제의 사이가 나빠진 틈을 타서 다시 자딘, 미토 쪽으로 머리를 내밀었다. 떠이선 왕조의 토지개혁은 민중의 지지를 받는 정책이었지만 지주의 분노를 사는 정책이기도 했다. 응우옌 푹 아인은 이 지주들을 자기편으로 끌어들인 뒤 응우옌 르를 격파해 메콩강 일대의 영토를 확보했다.

떠이선 삼 형제는 이 화근덩어리 응우옌 푹 아인부터 제거해야겠다고 뜻을 모았다. 형제들이 화해하고 힘을 합쳐 응우옌 푹 아인 토벌을 준비했다. 그런데 응우옌 후에가 갑자기 서른아홉이라는 젊은 나이로 요절하면서 이 토벌은 중단되었다.

본디 혁명가는 꿈을 이루지 못했을 때 후세 사람들의 뇌리에서 더욱 잊히지 않는다. 그래서 응우옌 후에는 오늘날 베트남에서 가장 큰 존경을 받는 민족 영웅이 되었다. 베트남 최대 도시 호찌민의 최대 번화가가 바로 '응우옌 후에 거리'다. 우리나라의 충무로, 을지로, 세종로를 생각하면 된다. 해마다 8월이면 응우옌 후에가 황제에 즉위하던 장면을 재연하는 큰 축제가 열린다. 또 이들 삼 형제가 처음 봉기했던 떠이선에는 삼 형제의 군건한 모습을 표현한 동상이 당당하게 서 있다.

불행히도 응우옌 후에의 아들 응우옌 꽝 또안Nguyễn Quang Toản은 아버지가 보여 주었던 능력의 반의반도 보여 주지 못했다. 능력은 없는데 권력욕과 야심은 컸다. 구심점을 잃은 권력은 급격하게 타락했다. 황제의 권위가 떨어지자 신하들이 부정부패를 일삼았다. 농민의 지지를 바탕으로 성립된 정권이 농민을 수탈하기 시작했다. 당연히 민심은 떠이선 왕조를 빠르게 떠났다.

위: 응우옌 후에(꽝쭝)의 황제 즉위식 재현 행사
아래: 떠이선 삼 형제 동상

응우옌 꽝 또안은 백부인 응우옌 냑을 공격해 꾸이년 일대의 땅을 빼앗았다. 어쨌든 남북 통일을 한 셈이지만, 응우옌 냑의 옛 세력들은 분노에 이를 갈았다. 또 주변의 여러 나라, 민족을 힘으로 억누르려고만 하다가 외교적인 고립을 자초하고 말았다.

응우옌 푹 아인은 응우옌 꽝 또안에게 원한을 가진 집단을 하나하나 포섭했다. 응우옌 냑의 아들들마저 응우옌 푹 아인 쪽에 가담했을 정도니 응우옌 꽝 또안이 얼마나 인기가 없었는지 짐작할 만하다.

더구나 응우옌 푹 아인은 떠이선 왕조를 압도할 수 있는 새로운 세력과 손을 잡았다. 바로 프랑스다. 유럽인의 앞선 화약 무기의 위력을 깨달은 응우옌 푹 아인은 프랑스 선교사 피뇨 드 베엔Pigneau de Behaine을 통해 프랑스에 군사 지원을 요청했다. 피뇨 드 베엔은 응우옌 푹 아인의 아들을 프랑스의 루이 16세와 만나도록 해 다이비엣과 프랑스 간의 동맹조약을 성사시켰다. 조약의 내용은 이렇다.

* 프랑스는 다이비엣에 군대를 파견해 응우옌 푹 아인을 지원한다.
* 응우옌 푹 아인이 다이비엣의 황제가 되면 다낭과 뿔로꼰도르Poulo Condore(지금의 꼰다오Côn Đảo)섬의 영유권 및 주권을 프랑스에 양도한다.
* 다이비엣 전역의 통상 무역 권리를 프랑스가 독점한다.

응우옌 푹 아인은 프랑스뿐 아니라 포르투갈과 영국에도 비슷한 미끼를 던져 유럽식 무기를 구입하고 용병을 모집했다. 모험과 영광을 꿈꾸는 프랑스 장교와 포르투갈, 영국 용병으로 구성된 복잡한 부대가 편성되었다. 이들은 응우옌 푹 아인의 배, 함포, 소총 등을 서양식으로 개조했다. 이로써 응우옌 푹 아인이 떠이선 왕조보다 화력에서 앞서게 되었다.

응우옌 후에도, 응우옌 냑도 없는 떠이선 왕조는 속절없이 무너졌다. 순식간에 떠이선 왕조의 수도 후에가 함락되고, 1802년에는 탕롱마저 무너졌다. 이로써 100년 이상 분열되어 있던 베트남이 다시 통일되었다.

꽝남국 회복을 넘어 새롭게 통일된 다이비엣의 주인이 된 응우옌 푹 아인은 후에를 수도로 삼고 황제 자리에 올랐다. 그가 바로 쟈롱Gia Long 황제다. 베트남의 마지막 왕조인 응우옌 왕주 시대가 열렸다.

황제가 되기는 했으나 쟈롱 황제는 원래 응우옌씨의 근거지였던 꽝남 지역 외에는 기반이 거의 없다는 취약점이 있었다. 응우옌 왕조는 홍강 유역과 메콩강 유역을 사실상의 자치 지역으로 삼아 각 지역의 유력한 가문에게 맡겼다.

청나라도 문제였다. 만약 청나라가 떠이선 왕조에 대한 보복을 선언하고 쳐들어온다면 큰일이었다. 그래서 쟈롱 황제는 떠이선 왕조를 무너뜨린 즉시 청나라에 사절단을 보내 자세를 낮추고 책봉을 요청했다. 나라 이름도 다이비엣(대월국)이 아닌 남비엣(남월국)으로 낮추었다.

그런데 뜻밖에도 청나라가 남비엣이라는 이름에 반대했다. 남비엣이 청나라 영토인 광시성, 광둥성 일대를 본거지로 하는 나라였다는 것이 문제가 되었다. 그렇다고 스스로 허리를 숙이고 들어온 쟈롱 황제를 모른 척할 수도 없다. 그래서 타협안으로 나온 것이 '비엣남'이다. 남비엣은 안 되겠고, 그렇다고 다이비엣을 허용할 수 없으니 남비엣을 뒤집어 비엣남이라 하면 승인하겠다는 것이다. 이렇게 해서 다이비엣도 남비엣도 아닌 비엣남이라는 국호가 만들어졌고, 응우옌 왕조는 베트남이라는 이름을 사용한 최초의 왕조이자 최후의 왕조가 되었다.

쟈롱 황제는 농민 봉기로 인해 무너진 전통적 유교 질서를 복원하는 데 많은 공을 들였다. 귀족과 권문세가가 농민을 지배하는 시대가 그에게는 태평성대였던 것이다. 그 뒤를 이은 민망Minh Mạng 황제 역시 유교 중심의 문화를 일구고 유교적인 통치를 시행했다.

그러나 응우옌 왕조는 이전의 왕조보다 정통성이나 힘이 약했기 때문에 그 세력이 비엣남 남쪽과 북쪽에까지 미치지 못했다. 결국 비엣남을 중국과 같은 중화의 나라로 만들고 싶었던 이들의 희망은 이루어지지 않았다.

오늘날 베트남 사람들 사이에서 응우옌 왕조는 그다지 인기 있는 왕조가 아니다. 민심을 폭넓게 얻지 못했으니 영향력도 약하고, 명색이 황제일 뿐 사실상 꽝남국이 다시 부활한 정도에 불과했다. 역사적인 평가도 매우 박하다. 외세에 의존한 정권이기 때문이다. 단 2대 만에 멸망한 떠이선 왕조에 대해서는 많은 기념관, 기념 거리, 기념 축제 등이 열리고 있지만 12대나 존속한 응우옌 왕조, 특히 쟈롱 황제에 대한 평가는 우리나라 이완용에 버금간다. 그나마 응우옌 왕조가 세운 공이라면 다른 왕조에 비해 궁이나 능을 크고 화려하게 지어 놓아 도읍이었던 후에에 많은 관광자원을 남겨 준 정도다.

후에에 남아 있는 응우옌 왕조의 황궁
중국의 자금성과 흡사하다

화려함의 극치를 달리는 응우옌 왕조의 황제릉

응우옌 왕조는 시작부터 단추를 세 개나 잘못 끼웠다. 그래서 응우옌 왕조의 비엣남은 겉보기에 화려하고 영토도 크게 확장했지만 사실은 안과 밖에서 무너지고 있었다.

잘못 끼워진 첫 번째 단추: 수도 후에

쟈롱 황제는 전통적인 수도 탕롱(하노이) 대신 꽝남국의 수도였던 푸 쑤언(후에)에 도읍을 정했다. 위치상으로는 합리적인 선택으로 보인다. 응우옌 왕조 때 베트남은 홍강에서 메콩강에 이르는 남북으로 긴 영토의 나라가 되었다. 홍강의 중심지 탕롱은 너무 북쪽에, 메콩강의 중심인 자딘은 너무 남쪽에 치우친 도시다. 그런 점에서 후에야말로 중심부에 있어 두 지역을 동시에 지배하기에 적당한 위치다.

하지만 실제 이유는 다른 데 있었다. 응우옌 왕조의 정통성이 취약하다는 게 가장 큰 이유였다. 왕조가 정통성을 얻으려면 유서 깊은 홍강 지역의 지지를 얻어야 했지만 그 지역은 오랫동안 응우옌 가문의 원수였던 찐 쩌우의 구역이었다. 원수의 근거지였던 탕롱에서 황제 노릇을 하겠다는 것은 너무 큰 모험이었다. 대대손손 가문의 세력 기반이었던 후에에 도읍을 정하는 것이 안전했다.

즉 응우옌 왕조는 가문의 영토에 안주하면서 황제라는 이름을 얻었을 뿐 베트남 경제의 두 축인 홍강 삼각주, 메콩강 삼각주를 제대로 통제하지 못했다는 뜻이다. 그래서 나중에 프랑스가 사이공(자딘)을, 이후 하노이를 야금야금 점령할 때 황제는 제대로 된 대응을 하지 못했다.

잘못 끼워진 두 번째 단추: 외세의 개입

쟈롱 황제, 즉 응우옌 푹 아인이 다시 베트남의 주인이 되는 과정은 너무도 외세 의존적이었다. 특히 신식 무기를 제공한 프랑스의 도움이 결정적이었다.

세상에 공짜는 없다. 프랑스가 거액의 청구서를 들이민 것은 당연한 일이었다. 그 청구서에는 '메콩강'이 적혀 있었다. 구체적으로는 자딘(사이공)과 미토 일대를 조차租借(다른 나라의 땅을 빌려 일정 기간 통치하는 것)하게 하라는 것이다. 이를 받아들일 수 없었던 쟈롱 황제는 청구서를 무시했다. 나라를 차지하기 위해 외세에 수표를 써 주고, 나라를 차지한 다음에는 그 수표를 부도내 버린 꼴이었다.

수표를 부도내면 이어지는 것은 강제집행이다. 탐욕적인 채권자 프랑스도 마찬가지였다. 혁명과 나폴레옹전쟁 등으로 나라 사정이 엉망이라 50년 정도 잊고 있었을 뿐이다. 그 50년이 베트남에게는 외세 침략에 대비할 절호의 기회였지만 응우옌 왕조는 기회를 살리지 못했다.

잘못 끼워진 세 번째 단추: 분수에 넘치는 중화주의

베트남이 프랑스의 침략에 대비할 골든타임은 민망 황제가 통치하던 시기였다. 그런데 민망 황제는 근대화보다도 유교적 질서 확립에 몰두했다. 내정뿐만 아니라 외교도 유교적으로 했다. 유교적인 외교란 세계를 중화와 오랑캐, 즉 화이華夷의 세계관으로 보는 것을 말한다.

응우옌 왕조는 청나라에 대해서만 비엣남, 즉 월남이라 스스로 낮추어 지칭했고 그 밖에 나라에게는 다이남, 즉 대남이라고 높였다. 청나라는 북방 민족을 다스리는 대북이고 자기네는 남방 민족을 다스리는 대남이라는 것이다.

특히 민망 황제는 베트남이 불교, 힌두교, 이슬람교, 기타 토속 신앙에 빠져 있는 동남아시아 이웃 나라들에게 유교를 가르치고, 유교적 풍속을 따르게 만들 의무와 권리가 있다고 보았다. 즉 오랑캐를 교화시켜야 한다고 보았다.

이로 인해 베트남과 인접한 라오스, 캄보디아가 가장 큰 고통을 받았다. 베트남은 이 두 나라를 아예 베트남 영토처럼 취급했다. 멋대로 행정 구역을 개편하는가 하면 세금도 대신 걷었고, 베트남 문화와 풍습을 강요했다. 캄보디아의 경우 국왕이 해마다 설날과 추석에 베트남 전통 의상을 입고 응우옌 왕가 조상에게 차례를 지내야 했다. 한 무제의 침략 이후 중국의 동화정책에 맞서 그토록 거세게 싸웠던 베트남이 중국에게 당한 것을 그대로 다른 나라에게 행한 것이다.

그 결과는 외교적 고립으로 나타났다. 베트남이 중국에 대해 엄청난 반감을 키워 왔듯 라오스, 캄보디아, 그리고 그 일대 소수민족 국가는 베트남에 대해 엄청난 반감을 키웠다. 라오스, 캄보디아에서 베트남 세력을 몰아내려는 독립투쟁이 계속 일어났다.

동아시아에서 압도적인 강국이었던 청나라와 달리 베트남은 주변 국가들을 완전히 압도할 만큼의 절대 강국이 아니었다. 타이와 미얀마라는 만만치 않은 경쟁국들이 있었다. 라오스와 캄보디아에서 베트남에 대한 저항운동이 일어나자 타이가 즉시 이들과 연대했다. 결국 베트남은 라오스, 캄보디아, 타이와 모두 싸워야 했다. 이렇게 골든타임이 흘러갔다.

결국 이 중화 비용은 고스란히 농민에게 세금으로 전가되었다. 민망 황제 시절 베트남 농민들은 점점 늘어만 가는 세금, 그리고 걸핏하면 군대에 끌려 나가야 하는 징집의 이중고 속에 시달렸다. 이 때문에 민망 황제 재위 기간 중 크고 작은 반란이 무려 230건 이상 일어났다.

그런데 민망 황제는 반란을 진압하는 과정에서 프랑스, 스페인의 가톨릭 사제와 선교사 들이 반란을 부추겼다고 주장하며 이들을 살해했다. 서양 제국들이 침략을 정당화할 수 있는 좋은 핑계거리였다. 교회를 지킨다는 명목으로 베트남에 군대를 보낼 수 있게 된 것이다.

응우옌 왕조 ❸: 사이공 조약을 거쳐 식민지가 되다

무리한 전쟁과 그로 인한 반란 진압에 골든타임을 흘려보낸 민망 황제가 서거하고 그 뒤를 이은 티에우찌Thiệu Trị 황제도 일찍 죽으면서 뜨득Tự Đức 황제가 즉위했다.

아편전쟁 소식에 바짝 긴장하고 있었던 뜨득 황제는 서양 사상과 크리스트교가 나라의 유교적 질서를 무너뜨릴 것이라고 보아 강력한 반서양 및 반크리스트교 쇄국정책을 실시했다. 대대적인 크리스트교 박해가 이루어져 2만 명이 넘는 크리스트교 신자들이 처형당했다. 이 중에는 유럽인 사제 25명, 베트남인 사제 300여 명이 포함되어 있었다.

이 무렵 혁명과 나폴레옹전쟁의 후유증을 정리한 프랑스는 슬슬 쟈롱 황제와 맺은 동맹조약의 내용을 주장할 때가 왔다고 판단했다. 뜨득 황제의 크리스트교 탄압은 좋은 핑계거리였다. 1858년, 프랑스와 스페인이 사제와 신자를 살해한 책임을 묻는다며 다낭을 침공했다. 신자가 가장 많은 사이공이 아니라 다낭을 선택한 까닭은 교회 보호가 그저 핑계임을 보여 준다. 다낭을 확보한 뒤 지척에 있는 수도 후에를 위협해 많은 이권을 침탈할 생각이었다.

그러나 역시나 비엣족은 전투 민족이었다. 프랑스군, 스페인군은 뜻밖의 완강한 저항에 고전했다. 후에를 향해 진격하던 스페인군이 처참하게 패배하는 모습을 본 프랑스군은 돌연 기수를 남쪽으로 틀어 자딘(사이공)으로 진격했다. 이건 베트남에서도 전혀 예상하지 못했던 일이다. 게다가 하노이 일대에서 또다시 반란이 일어났다.

뜨득 황제는 둘 중 하나를 선택해야 했다. 사이공으로 향하는 프랑스군을 쫓아 저지할 것인가, 하노이의 반란을 진압하느냐. 하노이도 사이공도 아닌 그 가운데 후에를 수도로 정한 것이 이렇게 발목을 잡았다.

결국 황제는 반란 진압을 선택했다. 프랑스의 사이공 함락이야 나중에 협상을 통해 조정할 여지가 있지만, 하노이 반란을 진압하지 못하면 왕조가 무너질 것이기 때문이었다. 황제가 하노이를 평정하는 동안 프랑스는 손쉽게 사이공과 미토를 장악했다.

반란을 진압한 뜨득 황제는 부랴부랴 다시 군대를 편성해 프랑스와 싸웠지만 이미 기진맥진한 상태였다. 결국 베트남은 굴욕적인 불평등조약인 '사이공 조약'을 체결했다. 청구서는 사이공 하나로 끝나지 않았다. 사이공, 미토, 껀떠 등 메콩강 삼각주 전체가 프랑스 손에 넘어갔다. 프랑스는 이 지역을 '코친차이나Cochin Chine'라 명명했다. 게다가 베트남은 프랑스의 승인 없이 다른 서양 나라와 외교관계를 맺을 수 없다는 주권 침탈까지 받아들여야 했다.

아편전쟁 이후 청나라가 어떤 꼴을 당하고 있는지 알고 있던 터라 이 대로는 안 된다며 개혁을 요구하는 젊은 지식인과 관리 들의 반발이 들 끓었다. 이 와중에 프랑스 함대가 홍강 하구에 상륙한 뒤 순식간에 하노 이를 점령해 버렸다. 무력감에 빠져 있던 뜨득 황제는 결국 치욕스럽게 청 나라에 구원을 요청했다. 청나라 역시 명목상 응우옌 왕가를 안남국왕에 책봉한 바 있기 때문에 지원군을 파견했다. 이렇게 일어난 전쟁이 청불전 쟁이다. 하지만 이미 1, 2차 아편전쟁을 통해 영국과 프랑스의 상대가 안 된다는 게 확인된 청나라다. 이 전쟁 역시 청나라의 참패로 끝났다.

결국 남쪽의 사이공, 북쪽의 하노이는 모두 프랑스 차지가 되었다. 프 랑스는 하노이 일대를 식민지로 편입하고 '통킹Tonking'이라 명명한 뒤 2만 명 가까운 대규모 병력을 주둔시켰다. 하노이 일대 통치에 필요한 규모를 훨씬 넘어선 병력이었다.

뜨득 황제는 극심한 스트레스에 건강을 잃고 끝내 서거하고 말았다. 뜨득 황제는 아들이 없었기 때문에 양자들을 들였는데, 이게 또 문제가 되었다. 나라가 존망의 기로에 섰는데도 양자들 간의 꼴사나운 황위 계 승 다툼이 벌어진 것이다. 이번에도 프랑스는 기회를 놓치지 않았다. 하노 이 주둔부대가 빠른 속도로 후에를 향했다. 후에는 저항할 수 없었다. 결 국 응우옌 왕조는 프랑스와 보호조약을 맺었고 이로써 베트남은 프랑스 의 식민지가 되었다(1885). 레 러이가 명나라를 무찌르고 다이비엣을 재 건한 지 500년 만의 일이다.

프랑스의 식민 지배에
저항하다

한나라, 송나라, 명나라는 물론 세계를 정복한 몽골과도 싸워 이겨 낸 비엣족이 프랑스의 지배를 순순히 받아들일 리 없었다. 프랑스는 1887년부터 1954년까지 60여 년간 베트남을 지배했지만, 이 기간 동안 엄청난 비용을 치렀다.

베트남의 항불투쟁은 크게 세 단계의 변화를 거쳤다. 첫 번째 단계는 외적을 무찌르고 황제를 구출하자는 유교적 껀브엉Cần Vương (근왕)운동, 두 번째 단계는 애국심과 결기만으로는 프랑스를 이길 수 없으니 서양의 근대 문물을 배워 힘을 길러야 한다는 실력양성운동, 세 번째 단계는 호찌민 중심의 공산주의운동이다.

1세대 항불투쟁: 껀브엉운동

19세기 베트남의 저항운동은 유교와 중화주의를 기반으로 했다. 외적의 침입으로부터 황제와 왕조를 구하자는 충성심, 그리고 중화의 나라가 양이의 지배를 받는 치욕에 대한 반응이다.

껀브엉운동의 불씨를 일으킨 인물은 응우옌 왕조의 8대 황제인 함응이Hàm Nghi 황제다. 할아버지 뜨득 황제의 못난 모습에 답답함을 느끼던 함응이 황제는 할아버지 뒤를 이은 아버지가 일찍 서거하는 바람에 1885년, 열네 살의 나이로 황제 자리에 올랐다.

껀브엉운동의 불씨를 일으킨
함응이 황제

청불전쟁 승리 이후 프랑스는 오만함의 극치를 달리고 있었다. 프랑스에 적대적인 중신 똔 텃 뚜엣Tôn Thất Thuyết의 해임을 강요하는 등 노골적으로 내정간섭을 했다.

이를 참을 수 없었던 함응이 황제는 전국의 애국지사들을 불러 모아 프랑스의 압제에서 벗어나고자 '프랑스에 대항하고 황제를 지키기 위해 봉기하라'는 격문을 발표해 전국에 돌렸다. 격문만 돌린 것이 아니라 본인도 프랑스의 감시망을 뚫고 후에를 탈출해 하띤Hà Tĩnh에 망명정부를 세웠다.

곳곳에서 프랑스를 무찌르고 황제를 구하자는 의병들이 들고 일어났는데, 이들을 '껀브엉 의병'이라 한다. 프랑스는 즉시 함응이 황제의 폐위를 선포하고 그의 형 동카인Đồng Khánh을 황제로 등극시킨 뒤 함응이 황제 체포에 나섰다. 함응이 황제는 산간과 농촌을 전전하며 게릴라전을 이어 나갔다.

그러나 함응이 황제는 3년간의 치열한 항전 끝에 결국 체포되었다. 프랑스로 끌려간 그는 프랑스 여성과 결혼해 72세에 사망할 때까지 베트남으로 돌아오지 못했고 죽어서도 베트남이 아닌 파리 근교에 묻혔다. 이 비운의 황제는 응우옌 왕조의 황제들 중 오늘날 베트남에서 유일하게 존경받는 황제로 하노이, 호찌민 등 주요 도시에 그의 이름을 딴 '함응이 거리'가 있다.

함응이 황제의 체포로 껀브엉운동은 구심점을 잃었지만 그 불길은 꺼질 줄 몰랐다. 베트남의 민족 영웅 판 딘 풍Phan Đình Phùng과 호앙 호아 탐Hoàng Hoa Thám, 일명 데 탐Đề Thám이 그 중심에 있었다.

판 딘 풍은 뜨득 황제 시절, 황제에게까지 직언을 꺼리지 않았던 고위관료 출신이다. 함응이 황제가 체포된 다음에도 끈질기게 항전을 계속해 한때 하띤에서 타인호아에 이르는 넓은 지역을 해방구로 만들었다. 그의 부대는 조직적이었을 뿐만 아니라 신무기로 무장하고 있었고, 프랑스군에게서 노획한 소총과 대포를 모방해 자체적으로 무기를 제작할 수도 있었다.

진압에 애를 먹던 프랑스는 판 딘 풍에게 항복하지 않으면 조상의 묘소를 파헤치고 형제를 해치겠다는 협박을 가했다. 유교 윤리를 이용한 셈이다. 그러나 판 딘 풍은 굴하지 않았다. 당시 판 딘 풍이 남긴 대답은 긍정적인 의미에서 '절개'라는 유교정신의 최고 경지를 잘 보여 준다.

껀브엉운동에 참가한 순간부터 나는 가족과 마을에 대해 잊기로 작정했다. 이제 내가 지킬 무덤은 하나뿐이다. 그것은 베트남이다. 이제 내가 지킬 형제는 하나뿐이다. 바로 베트남 백성이다. 내가 내 조상의 무덤을 걱정한다면 조국의 나머지 묘소들은 누가 걱정하겠는가? 내가 내 형제를 걱정한다면 조국의 다른 형제들은 누가 걱정하겠는가? 나에게는 결사 항전만이 남아 있을 뿐이다.

판 딘 풍은 함응이 황제 체포 이후 8년간 계속 항전하다가 1896년 이질에 걸려 세상을 떠났다. 그가 세상을 떠났을 때 프랑스 식민 당국이 프랑스 본국에 보낸 전보 내용은 "저항운동의 영혼이 사망했다"였다.

데 탐은 1913년 프랑스의 사주를 받은 자객에게 암살당할 때까지 프랑스의 힘이 미치지 못하는 베트남 북부 및 산악 지역에 해방구를 만들어 수십 년간이나 항전한 게릴라 전사였다. 데 탐의 의병 부대도 판 딘 풍의 부대처럼 조직적이었고 근대식 무기로 무장하고 있었다. 산악 지역에서 게릴라 전술로 프랑스를 괴롭혔기 때문에 쉽사리 진압당하지도 않았다. 심지어 프랑스 정부는 데 탐에게 일정 영토를 떼 주어 자치주로 넘겨줄 방안까지 고려했다. 프랑스가 데 탐의 의병 부대를 토벌하기 위해 쓴 군자금만 1억 6,800만 프랑, 오늘날 우리 돈으로 약 3조 3,600억 원 정도였다. 프랑스가 인도차이나(베트남, 라오스, 캄보디아) 식민지에서 얻을 수 있었던 수익의 대부분을 데 탐과 싸우느라 썼다는 비아냥거림을 들을 정도였다. 심지어 그 많은 돈을 쓰고도 전투가 아닌 암살을 통해 그를 제거했으니 망신살이 뻗쳤다.

2세대 항불투쟁: 실력양성운동

근왕운동의 불길이 가라앉은 뒤 베트남의 항불운동가들은 무장투쟁보다도 베트남의 근대화가 우선되어야 한다는 데 뜻을 모았다. 프랑스에 대한 막연한 적개심 대신 프랑스어와 프랑스 문물을 배우는 지식인들이 늘어났다.

이들 2세대 항불운동의 가장 유명한 지도자는 판 쩌우 찐Phan châu Trinh과 판 보이 쩌우Phan Bội Châu다. 이들은 우리나라로 치면 도산 안창호에 해당된다. 판 쩌우 찐은 베트남이 군주 없는 근대적 공화국으로 정비되어야 하며, 그 후에 독립을 추구해야 한다고 생각했다. 반면 판 보이 쩌우는 일단 프랑스로부터 독립한 뒤 영국이나 일본 같은 입헌군주정으로 가야 한다고 보았다.

유연한 사고의 소유자인 판 쩌우 찐은 베트남의 근대화를 위해서라면 프랑스 식민 당국에 적절히 협조하는 것도 마다하지 않았다. 그는 프랑스 식민 당국이 한자나 쯔놈 대신 알파벳을 이용한 베트남 문자 꾸옥응우를 도입하는 일에도 적극 협조했다.

이렇게 협조적인 자세로 보였기 때문에 그가 판 보이 쩌우를 비롯한 민족운동가들과 힘을 합쳐 '통킹의숙Đông Kinh Nghĩa Thục'이라는 근대 학교를 세우고, 학생들에게 지리, 수학, 과학 등 근대 학문을 가르쳐도 프랑스 식민 당국은 별다른 의심을 하지 않았다. 하지만 통킹의숙은 근대적인 교육을 통해 베트남 민족의식을 고취하고, 프랑스 식민 통치의 야만성을 비판하는 수업을 진행했다. 물론 프랑스 식민 당국의 단속을 피해 합법과 불법 사이에서 교묘한 줄타기를 했다. 주민 계몽을 핑계로 각종 강연회와 집회를 열었고, 학생 교육을 핑계로 근대적 민족의식을 고취하는 책자들을 찍어 베트남 전역에 보급했다.

프랑스 식민 당국은 점점 확산되는 베트남 민족운동의 배후를 추적한 결과 통킹의숙 출신들이 주도하고 있음을 알아내 학교를 폐쇄하고 주동자를 체포했다. 판 쩌우 찐 역시 체포되어 뿔로꼰도르에 유배되었다가 파리로 옮겨졌다. 그는 파리에서도 베트남 출신 노동자와 유학생 들을 결집시켜 독립운동을 이어 나갔으며 1925년, 마침내 조국 베트남으로 돌아올 수 있었으나 1년 만에 숨을 거두었다. 판 쩌우 찐을 추모하는 장례식에는 6만 명이 넘는 청년들이 모여들었다. 장례식이 대규모 시위로 바뀌었으니 그는 말 그대로 죽어서까지 민족운동을 했다.

판 쩌우 찐과 함께 근대화운동의 쌍벽을 이루었던 판 보이 쩌우는 메이지유신으로 근대화에 성공한 일본에 주목했다. 일본의 러일전쟁 승리가 우리나라에는 을사늑약의 서막이 되었지만, 다른 아시아 국가들에게는 근대화에 성공하면 유럽 강대국과 싸워 이길 수 있다는 희망의 뉴스가 되었다. 판 보이 쩌우는 일본을 본떠 '유신회'를 결성하고 전면적인 근대화 개혁을 이루고자 했다. 근대화 현장을 직접 보고 배워야 한다는 뜻에서 일본에 적극적으로 유학생을 보냈다. 이를 동쪽으로 유학 간다 뜻으로 '동유운동'이라 불렀다.

판 보이 쩌우는 무장투쟁도 포기하지 않았다. 특히 데 탐과 밀접한 사이였다. 1907년, 판 보이 쩌우와 데 탐은 각각 남쪽과 북쪽에서 동시다발적인 무장봉기를 일으켜 일거에 프랑스군을 타격하기로 하는 대담한 계획을 짜기도 했다.

하지만 이 계획은 결전의 날이 오기 전에 프랑스 식민 당국에 누설되고 말았다. 프랑스는 이 계획의 중심축인 일본 유학파들을 상대로 대대적인 색출 작업에 나섰다. 동유운동은 막을 내리고 판 보이 쩌우는 간신히 목숨을 건져 피신했다. 이후 홍콩에서 베트남 광복회를 조직한 뒤 우리나라의 의열단을 연상케 하는 무장투쟁을 전개했다. 그러나 결국 1925년에 체포되어 1940년 사망할 때까지 자신의 집 밖으로 나가지 못하는 연금 상태로 살아야 했다.

위: 의병 부대를 이끈 민족 영웅 데 탐
아래: 통킹의숙을 세워 근대화를 이끈 판 보이 쩌우

드디어 베트남 국민이 국부로 숭상하는 호찌민이 등장한다. 사실 호찌민은 본명이 아니며, 원래 이름은 응우옌 신 꿍Nguyễn Sinh Cung이다. 물론 응우옌 왕조와는 아무 상관이 없다.

그의 청년기는 파란만장 그 자체다. 그는 프랑스 식민 당국이 현지인 관리를 양성할 목적으로 설립한 베트남 프랑스학교를 다녔지만 반프랑스 민족주의적 사상을 가졌다는 이유로 퇴학당했다. 스물한 살이 되던 1911년부터 프랑스 선박에 보조 요리사로 취업한 뒤 이 배 저 배로 직장을 옮겨 다니며 지구를 한 바퀴 돌았다. 1912년부터 1914년까지는 미국에서 호텔 제빵사로, 영국에서 노동자로 일하다가 다시 미국으로 돌아와 집사, 자동차 영업사원으로 일했고, 프랑스로 건너가서 정원사, 청소부, 웨이터, 댄서, 사진사 등으로 일했다.

이런 경험 덕분에 그는 베트남어, 중국어, 타이어, 영어, 프랑스어, 러시아어에 능통한 코즈모폴리턴이 되었다. 그는 결코 앞뒤 꽉 막힌 민족주의자, 국수주의자가 아니었으며, 공산주의 교리에 매달리는 교조주의자도 아니었다.

호찌민의 마지막 정착지는 프랑스였다. 그는 프랑스사회당을 거쳐 마침내 프랑스공산당에 입당했다. 그리고 항불운동을 하다 베트남에서 추방당한 판 쩌우 찐을 비롯해 여러 민족운동가와 함께하며 본명 대신 응우옌 아이 꾸옥Nguyễn Ái Quốc(우리나라식으로 말하면 '김애국' 정도 되겠다)이라는 이름을 사용했다.

1919년 파리강화회의에서 호찌민은 베트남 국민을 대표해 베트남의 독립을 요청하려 했지만 주최 측 프랑스의 방해로 회담장에 들어가지도 못한 채 쫓겨났다. 그는 이 무렵 같은 목적으로 파리에 왔다가 같은 이유로 쫓겨난 김규식, 조소앙 등 대한민국 임시정부 인사들과도 교류했다.

이때 호찌민을 가장 분노하게 만든 것은 프랑스공산당이 베트남 독립에 비협조적일 뿐만 아니라 프랑스의 베트남 식민 지배를 긍정했다는 것이다. 그는 유일하게 베트남 독립에 호의적이었던 소비에트연방(소련)의 레닌에게로 마음이 기울었다. 결국 1923년에 파리를 떠나 모스크바로 가서 2년 동안 공산주의를 학습하고, 코민테른(공산주의 국제 연합)의 인도차이나 담당자가 되어 중국 광저우로 갔다.

당시 광저우에는 프랑스의 탄압을 피해 빠져나온 베트남 사람이 많이 모여 살고 있었다. 그는 광저우에서 '베트남 혁명청년협회'를 조직하고 인도차이나공산당을 세웠다. 프랑스는 가혹하고 잔인한 탄압을 가했다. 베트남이나 프랑스령 인도차이나에 있는 공산당 인사들에 대해 무차별 체포, 고문, 심지어 총살까지 감행했다. 광저우에 있는 호찌민에게는 궐석 재판을 실시해 미리 사형을 선고해 두었다.

그는 굴하지 않고 〈탄니엔thanh niên, 靑年〉이라는 잡지를 발행해 비밀리에 유통시켰다. 이 잡지는 프랑스 식민 통치 아래 허덕이며 울분을 삼키던 베트남 젊은이들에게 복음서가 되었다. 많은 젊은이가 베트남을 빠져나와 중국에 있는 인도차이나공산당에 찾아왔고, 여기서 훈련을 받은 뒤 다시 인도차이나로 잠입해 활동했다.

독립 선언: 일제강점에 맞서다

2차 세계대전이 터졌다. 프랑스도 독일 앞에서는 꼼짝하지 못하는 신세가 되었다. 전쟁 발발 한 달 만에 파리가 함락되고 파리 시내 곳곳에 하켄크로이츠(나치스의 상징. 卍과 비슷한 모양) 깃발이 내걸렸다.

그런데 프랑스가 패망하자 이번에는 일본이 움직였다. 일본은 프랑스와 네덜란드의 패망으로 무주공산이 된 베트남, 라오스, 캄보디아, 인도네시아를 날름 집어삼켰고, 영국이 독일과의 전쟁을 위해 식민지 주둔군을 소환한 틈에 홍콩, 미얀마, 싱가포르를 점령하는 등 단기간에 대제국을 이루었다.

당시 일본은 우습게도 동남아시아 피점령국들에게 형제 국가 행세를 했다. 일본이 서양 압제로부터 동남아시아를 해방시켜 준 것이라는 말도 안 되는 이유에서였다. 베트남에서는 응우옌 왕조의 12대 황제인 바오다이Bảo Đại 황제를 앞세웠다. 즉 명목상으로는 일본이 아니라 바오다이 황제가 프랑스로부터 베트남을 되찾은 모양새를 연출하고자 한 것이다. 물론 일본의 꼭두각시에 불과했지만.

이 무렵 호찌민(이때부터 이 이름을 사용했다)은 프랑스 지배에서 일본 지배로 넘어가는 과도기의 빈틈을 이용해 동지들을 3~5인조 단위로 베트남에 잠입시켰고, 여러 민족독립단체를 망라한 '베트남독립동맹(흔히 '월맹'이라 부르는 단체, 이하 비엣민이라 함)'을 결성했다.

호찌민의 전략은 일본과 교전 중인 중국, 미국, 영국의 지원을 받아 일본을 몰아내고 베트남의 독립을 쟁취하겠다는 것이었다. 호찌민은 끈질긴 설득 끝에 미국으로부터 비엣민이 베트남 임시정부라는 자격을 승인받았을 뿐만 아니라 철저한 반공주의자인 중국 총통 장제스^{蔣介石}까지 설득하는 데 성공했다. 비엣민은 베트남 정부 이름으로 연합군에 정식으로 가담해 일본과 교전했다. 이때 중국의 임시수도가 있던 충칭으로 북상하는 일본군을 저지해 중일전쟁의 결정적인 전기를 마련하는 성과를 거두기도 했다.

비엣민은 일본군을 계속 공격해 1945년 봄에 이미 베트남 영내에 진입했다. 그리고 1945년 8월 15일, 일본이 항복하자 즉시 하노이의 권력을 장악해 전국적으로 통치 체제를 갖추어 나가기 시작했다. 마침내 1945년 9월 2일에는 베트남의 독립과 베트남민주공화국의 건국을 선포했다. 바로 이날이 베트남의 광복절이다.

당시 베트남 독립선언에는 다음과 같은 주요 사항들이 있었다.

* 모든 사람은 평등하게 태어났다. 사람들은 모두 생명, 자유, 행복을 추구할 천부의 권리를 조물주로부터 부여받았다(이 대목은 미국 독립선언문과 비슷하다. 실제로 호찌민은 미국을 무척 좋아한 사람이었다. 그럼에도 이후 미국과 전쟁을 치르게 되다니, 운명은 고약하다).
* 베트남의 군주정은 폐지되며 응우옌 왕조는 소멸된다.
* 베트남은 민주공화국이 되며 베트남민주공화국은 독립국가다.
* 베트남민주공화국의 초대 주석으로 호찌민을 선출한다.

호찌민은 일본을 몰아내고 신속하게 베트남민주공화국의 독립을 선언함과 동시에 미국 국무부에 승인을 요청했다. 처음에 이는 형식적인 절차로 여겨졌다. 애초에 미국과 중국이 비엣민을 베트남 임시정부로 승인한 바 있으니 전쟁이 끝난 다음 정식 정부로 승인하면 끝날 일이었다.

그런데 프랑스가 훼방을 놓았다. 원래 자기네 식민지였던 베트남에 대한 권리를 되찾겠다는 것이다. 그러면서 아직 비엣민이 권력을 장악하지 못한 중부, 남부 지역에 사이공을 수도로 하는 괴뢰정부 코친차이나 공화국을 세우고 이것이 베트남의 유일한 합법 정부라고 주장했다.

"베트남과 인도차이나를 공산당 손에 넘겨줄 것이냐?" 이 한마디로 프랑스는 미국과 중국을 압박했다. 프랑스는 이에 만족하지 않고 베트남 북부까지 되찾기 위해 베트남민주공화국을 침공했다. 이것이 인도차이나전쟁이다(1946).

처음에는 프랑스가 압도적인 화력으로 비엣민을 몰아쳤다. 프랑스가 하노이를 다시 장악했고 비엣민은 산악 지역으로 퇴각했다. 하지만 당시 베트남민주공화국의 군대를 이끌던 보 응우옌 잡Võ Nguyên Giáp 장군은 승리를 자신했다.

비엣민은 하노이를 빼앗긴 것이 아니라 전략적으로 내준 것이었다. 프랑스군에 비해 장비와 물자가 열세라는 점을 받아들이고 전면전 대신 산악 지대를 거점으로 한 게릴라전을 선택한 것이다. 과연 프랑스군은 끊임없이 공격하고 순식간에 사라지는 비엣민 게릴라 때문에 우왕좌왕하기 시작했나.

1946년 〈뉴욕타임스〉와의 인터뷰에서 호찌민은 이렇게 말했다.

"코끼리와 호랑이의 싸움입니다. 만일 호랑이가 가만히 서 있다면 코끼리가 그 막강한 엄니로 호랑이를 짓누르겠지요. 그러나 호랑이는 가만히 있는 것이 아닙니다. 낮에는 정글에 숨어 있고 밤에 다시 나타납니다. 방심한 코끼리 등에 뛰어올라 가죽을 찢어 놓고 다시 어두운 정글로 사라집니다. 코끼리는 천천히 피를 흘리며 죽어 갑니다."

프랑스는 우월한 화력을 바탕으로 일거에 비엣민을 쓸어버릴 수 있다고 믿었지만 오히려 비엣민이 영역을 야금야금 늘려 가며 북부 베트남 지배를 완전히 굳혔다. 더구나 1949년 중국 국민당의 장제스가 공산당의 마오쩌둥毛澤東에게 패배하고 대만으로 쫓겨났다. 지구에서 가장 거대한 반공국가였던 중국이 반대로 가장 거대한 공산주의국가로 탈바꿈했다. 이제 비엣민은 중국을 통해 소련의 무기를 공급받을 수 있게 되었다.

소련과 중국의 지원을 받은 비엣민의 거센 반격이 시작되었다. 프랑스는 하노이를 포기하고 남쪽으로 내려갔다. 그러고는 바오다이 황제를 데려다 사이공을 수도로 하는 '베트남국'을 세웠다. 중국의 공산화가 공산주의 도미노 현상으로 이어질까 우려하던 미국, 영국은 베트남국을 베트남 유일의 합법 정부로 승인했다. 이로써 베트남은 북쪽의 베트남민주공화국, 남쪽의 베트남국으로 사실상 분단되었다.

바오다이 황제는 비록 응우옌 왕조의 황제였지만 이미 프랑스와 일본의 꼭두각시 노릇을 한 바 있다. 베트남 국민들은 바오다이 황제의 귀

환을 식민 통치의 귀환으로 받아들였다. 실제로 바오다이 정부는 친불 기득권자들의 모임과도 같았고, 프랑스 관리와 경찰, 군대가 그대로 주둔했으며 여기에 미군까지 추가되었다. 그 결과 남쪽 베트남국에서도 비엣민 지지자들이 늘어났다. 호찌민이 공산주의자라 꺼리던 우파 민족주의자들조차 비엣민을 지지하는 지경에 이르렀다.

초조해진 프랑스는 압도적인 화력을 바탕으로 전세를 뒤집기 위한 작전을 세웠다. 이때 선택된 요충지가 베트남과 라오스의 국경 지대인 디엔비엔푸Điện Biên Phủ다.

이곳이 요충지인 까닭은 베트남 영토의 가운데 부분이 매우 좁은데다 험준한 산맥으로 가로막혀 있어 대규모 병력을 이동시키는 것이 어렵기 때문이다. 남북 베트남 사이로 대규모 병력을 이동시키려면 평야 지역인 라오스를 통해서 가는 것이 빠르다. 그 통로와 하노이를 가로막는 강력한 요새를 지어 하노이의 숨통을 막을 생각으로 프랑스는 곧장 엄청난 물량을 쏟아붓기 시작했다. 100대의 수송기가 28문의 곡사포, 10여 대의 전차, 그리고 2만여 명의 특수부대원을 디엔비엔푸로 실어 날랐다. 전투기도 270대나 동원되었다. 전투기와 곡사포로 맹렬하게 공습을 가하면 기껏 맨발에 소총 정도나 지니고 있을 비엣민 따위는 일거에 쓸어버릴 수 있다는 자신감이 충만했다.

그런데 막상 전투가 시작되자 프랑스군을 둘러싼 산봉우리에서 상상을 초월하는 엄청난 양의 포탄 세례가 쏟아졌다. 전투기의 공습도 맥을 추지 못했다. 100문에 육박하는 대공포가 불을 뿜으며 전투기를 떨구었다. 사방이 빽빽한 정글로 둘러싸인 곳에서 전혀 예상하지도 못한 적군

디엔비엔푸에서 포로가 된 프랑스군
끌려가는 프랑스군과 끌고 가는 베트남군(비엣민)의 몸집 차이를 보라

이 튀어 나오고 포격이 쏟아졌으니 프랑스군은 정신을 차릴 수가 없었다.

도대체 이 많은 곡사포와 대공포가 어디서 왔단 말인가? 그것도 해발 800미터가 넘는 산 위에? 비엣민은 오직 사람들의 힘과 밧줄을 이용해 이 모든 것을 끌고 왔다. 30센티미터 끌어올리고 휴식하기를 반복하면서 하루에 50미터씩 여러 날에 걸쳐 수많은 대포를 산 위로 끌고 올라온 것이다. 더구나 프랑스 정찰기에 발각되지 않으려고 이 고달픈 작업을 주로 밤에 했다. 수만 명의 군인과 인부가 밥도 짓지 않고 생쌀을 먹어 가며 일했다. 연기가 나면 프랑스군에게 발각되기 때문이다. 정말 놀라운 정신력이 아닐 수 없다. 보 응우옌 잡 장군은 이렇게 말하며 병사와 인부 들을 격려했다고 한다.

"힘내라! 산은 엄청나다. 그러나 우리 힘은 더 엄청나다. 계곡은 깊다. 우리의 분노는 더 깊다. 해뜨기 전에 대포를 산으로 끌자."

전의를 상실한 프랑스군은 힘없이 무너졌다. 2만 명의 특수부대원이 죽거나 포로가 되고, 중화기와 비행기는 모두 파괴되거나 빼앗겼다. 이 전투는 아시아의 식민지가 서양의 종주국과 게릴라전이 아닌 정규전을 통해 승리한 최초의 사례로 빛난다.

이로써 프랑스는 몽골, 명, 청, 일본에 이어 베트남에게 패퇴한 제국 리스트에 새로 이름을 올리게 되었다.

동족상잔의 비극,
베트남전쟁

분단국가 베트남, 그리고 남베트남의 혼란

프랑스는 물러났지만 베트남의 완전한 독립은 오지 않았다. 하노이를 수도로 하는 베트남민주공화국과 사이공을 수도로 하는 베트남국, 두 정부 사이의 첨예한 대립이 있었기 때문이다. 게다가 미국과 영국은 베트남국만을, 소련과 중국은 베트남민주공화국만을 베트남의 합법 정부로 인정했다.

결국 일단 북위 17도선을 경계로(우리나라는 38선, 베트남은 17선) 북쪽은 베트남민주공화국, 남쪽은 베트남공화국으로 하고 그 사이에 비무장지대를 정한 뒤 2년 뒤인 1956년에 총선거를 실시해 통일 정부를 세우는 것으로 결정이 났다.

한편 프랑스가 물러나자 프랑스 꼭두각시 바오다이 황제의 운명도 다되었다. 베트남국의 총리였던 응오 딘 지엠Ngô Đình Diệm은 베트남을 군주정으로 할 것인지, 공화정으로 할 것인지 국민투표를 실시했다. 심지어 이 투표에서 부정투표까지 저질렀다. 군주정 폐지 투표 결과를 압도적으로 끌어내 바오다이 황제의 퇴위를 요구하고, 자신이 권력을 잡으려는 속셈이었다. 그의 계획대로 압도적 다수가 군주정 폐지에 찬성하는 투표 결과가 나왔다.

바오다이 황제를 몰아낸 응오 딘 지엠은 공화정을 선포하고 초대 대통령으로 취임했다. 미국은 즉각 응오 딘 지엠의 정부를 승인했다. 문제

베트남국의 초대 대통령
응오 딘 지엠

는 1956년에 실시될 예정인 총선거였다. 북쪽과 남쪽의 두 정부는 총선 거가 실시될 경우 적어도 자기네 지역에서라도 목표를 얻기 위해 가혹한 정치 탄압과 숙청을 실시했다.

남쪽에서는 5만 명이나 되는 사람들이 공산주의자로 몰려 처형당했다. 북쪽에서도 수만 명의 사람들이 부르주아, 친불파, 지주 등으로 몰려 목숨을 잃었다. 대부분 화교 또는 가톨릭 신자였던 이들은 대거 남쪽으로 도주해 목숨을 건졌다. 반대로 남쪽에서 수십만 명의 좌파 성향 인물들이 북쪽으로 도망쳤다. 상황이 이렇다 보니 1956년에 치르기로 한 총선거는 유야무야 없던 이야기가 되어 버렸고, 베트남은 북쪽의 베트남민주공화국(이하 북베트남), 남쪽의 베트남공화국(이하 남베트남)으로 완전히 분단되고 말았다.

남베트남의 응오 딘 지엠은 강력한 반공주의 정치를 폈다. 학문과 예술 분야에서 엄격한 검열이 이루어졌다. 이를 담당하는 비밀경찰이 막강한 권력을 장악했는데, 그 책임자는 다름 아닌 응오 딘 지엠의 동생 응오딘 누Ngô Đình Nhu였다.

미국은 동남아시아의 공산화 도미노를 막기 위해 베트남 남쪽에 강력한 반공 정권을 세울 생각이었기에 응오 딘 지엠에게 경제적·군사적 지원을 전폭적으로 해 주었지만, 응오 딘 지엠과 그 친척들은 이 중 상당수를 빼돌려 자신들의 부를 늘렸다. 또 미국은 빈부 격차가 해소되지 않으면 공산주의가 퍼질 가능성이 크다고 보아 토지개혁을 요구했지만 응오 딘 지엠은 여기에 소극적으로 나서 베트남 민중의 반감을 샀다.

결국 응오 딘 지엠에 대한 불만이 최고조에 이르렀다. 마침내 응오 딘 지엠의 독재정치에 반대하는 각 계급·종교·민족 대표로 구성된 '남 베트남 민족해방전선(이하 베트콩)'이 구성되었다(1960). 응오 딘 지엠은 이 들을 모두 공산주의자로 매도하면서 베트남 코뮤니스트의 준말인 '베트 콩'이라 불렀다. 정치 성향과는 상관없이 자신에게 반대하는 모든 세력을 베트콩이라고 불렀다.

저항이 고조되는 만큼 응오 딘 지엠의 탄압도 가혹해졌다. 특히 불 교를 집중적으로 탄압했다. 베트콩의 거점이 될 우려가 있다는 평계로 사찰을 파괴하고 불태우는가 하면 공산주의를 퍼뜨리는 주범이라며 승 려들을 체포해 처형했다.

심지어 1963년에는 석가탄신일 행사를 금지하고 행사 중인 신도들 을 강제해산시키는 것으로도 모자라 항의하는 승려들에게 총격을 가했 다. 이에 틱 꽝 득Thích Quảng Đức이라는 승려가 자신의 몸을 불태우는 소 신공양으로 맞서는 모습이 외신에 보도되어 온 세계에 퍼져나갔다. 미국 은 응오 딘 지엠 정권에 대한 지지를 철회하고 대안을 찾기 시작했다.

응오 딘 지엠이 정치적으로 파산했음이 확인되자 군인들이 야욕을 드러냈다. 1963년 11월 1일, 즈엉 반 민Dương Văn Minh, 응우옌 카인Nguyễn Khánh, 응우옌 까오 끼Nguyễn Cao Kỳ, 응우옌 반 티에우Nguyễn Văn Thiệu 등의 군인들이 쿠데타를 일으켜 응오 딘 지엠을 사살하고 군사정권을 세웠다.

승려 틱 꽝 득의 소신공양

계속되는 비극

응오 딘 지엠을 죽이고 집권한 군사정권은 남베트남 상황을 더한 막장으로 몰고 갔다. 즈엉 반 민이 응우옌 카인에게 쫓겨나고 응우옌 카인은 다시 응우옌 반 티에우에게 쫓겨나는 등 권력이 탁구공처럼 오가면서 정부 노릇을 거의 하지 못했다.

위에서 권력 다툼을 하고 있으니 아래에서는 부패가 만연했다. 미국으로부터 들어온 각종 지원금은 부패 관료들의 사치품으로 바뀌어 버렸다. 연간 비료 수입액보다 담배 수입액이 더 많았다. 군 간부들은 베트콩을 토벌하라고 미국이 지원한 무기를 팔아 치워 돈을 챙겼다. 그 무기들은 결국 베트콩 손에 들어갔다.

상황이 이렇게 흘러가자 북베트남 지도부는 남베트남 정부를 무력으로 무너뜨릴 기회가 왔다고 보고 베트콩에 대한 적극적인 지원을 결의했다. 곧장 라오스와 캄보디아의 정글을 통해 북베트남의 무기와 병력이 베트콩에 전달되었다. 미군과 남베트남의 감시를 피하기 위해 형성된 이 정글 지대의 좁은 길을 '호찌민루트'라고 부른다.

북베트남은 이렇게 침투한 군대와 베트콩이 함께 전면적으로 봉기하면 남베트남 정부가 단숨에 무너질 것이라고 보았다. 그렇게 되면 미국은 개입할 타이밍을 놓치고 손을 떼리라 예상했다.

하지만 그건 오판이었다. 이 무렵 미국의 존슨 대통령은 남베트남 정부가 베트콩을 토벌할 수 없다는 확신을 굳혔다. 특히 300명도 안 되는 베트콩 게릴라에게 1,500명의 남베트남 정규군이 패했을 뿐만 아니라 미국이 제공한 헬리콥터 다섯 대까지 파괴된 업박Ấp Bắc 전투는 60만 남베

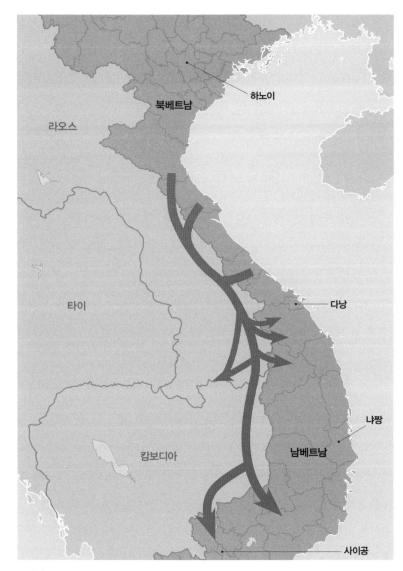

호찌민루트

트남군이 북베트남 정규군은커녕 베트콩의 상대조차 되지 않는다는 것을 잘 보여 주었다.

그렇다면 남베트남이 북베트남에게 먹히는 것은 시간문제였고, 베트남 전체가 공산화되면 라오스, 캄보디아, 타이, 미얀마 등 동남아시아 일대도 공산화될 것은 불 보듯 뻔한 일이었다. 존슨 대통령은 전면전을 불사하는 강력한 무력 개입을 통해서라도 베트남의 공산화를 막아야겠다고 생각했다.

미국도 북베트남처럼 상대를 쉽게 생각했다. 하노이, 하이퐁 등 북베트남 주요 도시에 강력한 공습을 가해 북베트남이 베트콩을 지원할 엄두를 내지 못하게 만들면, 남쪽의 베트콩은 남베트남군과 미군이 공동으로 소탕할 수 있다고 본 것이다. 즉 북베트남이나 미국이나 상대방을 선제공격 한 뒤 남베트남을 빨리 장악하면 될 것이라고 생각했고, 서로간의 전면전으로까지 전쟁이 커질 것이라고도 생각하지 않았다.

예상 외로 미국이 전면전을 할 태세로 나서자 다급해진 북베트남은 미국보다 먼저 남베트남을 장악하기 위해 베트콩에게 적극적인 봉기를 요청했다. 남베트남 정부는 전혀 베트콩에게 적수가 못되었다. 농촌의 절반 이상이 베트콩에게 넘어갔다. 결국 미국은 북베트남 억제뿐 아니라 베트콩 토벌까지 직접 해결해야 했다. 그렇게 1965년에서 1968년 사이에 수십만 명의 미군이 남베트남에 투입되었다. 이로써 2차 인도차이나전쟁, 즉 흔히 베트남전쟁이라고 알려진, 우리나라에서는 월남전이라 부르는 바로 그 전쟁이 시작되었다.

미국의 전략은 시작부터 엉켰다. 미군의 선투력은 세계 최강이있지만 게릴라전 경험이 없었다. 국경도, 근거지도 없이 정글을 떠돌아다니는 게릴라는 처음이었다. 결국 미국은 베트콩의 근거지인 정글에 대량의 네이팜탄(화염탄)과 고엽제를 투하하고 마을을 파괴하는 야만적인 작전을 펼쳤다. 이 작전으로 수많은 마을이 불타고 수많은 민간인이 목숨을 잃었다.

부끄러운 일이지만 이때 우리나라 역시 참전해 민간인을 학살하고 강간하는 등 여러 잔혹한 행동을 했다. 당시 한국군은 미군보다도 더 많은 잔혹 행위를 벌여 베트콩뿐 아니라 민간인에게도 공포의 대상이 되었다. 반드시 기억해야 할 우리의 어두운 역사다.

그런데 미군의 가장 강력한 적은 베트콩도 북베트남도 아닌 자국 내 여론이었다. AP통신의 기자 후잉 꽁 웃Huỳnh Công Út이 찍은 한 장의 사진 (138쪽)이 미국 내 여론을 뒤흔들었다. 많은 미국인이 자국 정부가 이런 야만적이고 부도덕한 전쟁에 뛰어들었다 사실에 불쾌함을 드러냈다. 젊은이들은 격렬한 반전 시위를 벌이며 경찰과 충돌했다.

당시 미군 지휘관인 윌리엄 웨스트모얼랜드William Westmoreland 장군은 언론 취재를 통제하면서 "전쟁이 막바지에 이르렀다. 베트콩은 1968년까지 진압된다"라는 낙관적인 소식만 미국에 전달되도록 했다. 하지만 바로 그 1968년 1월 30일, 베트콩은 설날 휴일에 남베트남 여러 도시에서 동시다발적인 기습 공격을 감행했다. 이른바 '구정 대공세'다. 100곳이 넘는 도시에서 게릴라들이 뛰쳐나와 주요 관공서, 군부대, 특히 미국 시설을 공격했다. 심지어 사이공에 있는 주베트남 미군 사령부 본부와 미국 대사관까지 공격을 받았다.

베트남전쟁 당시 불타는 마을을 탈출하는 어린이들

물론 이 전면적인 공격은 무모했다. 남베트남 전역에서 4만여 명의 베트콩 주력 부대가 전사하는 엄청난 손실이 났다. 여러 도시에서 치열한 시가전과 폭격이 이루어지는 사이 베트남의 수많은 문화재가 파괴되었다. 반만년 역사를 자랑한다는 베트남에 이렇다 할 문화 유적이 남아 있지 않은 이유이기도 하다. 반면 미군 전사자는 1,100명, 남베트남군 전사자는 2,300명 정도에 불과했다.

전투 자체는 베트콩의 패배였지만 정치적으로는 미국의 패배였다. 전쟁의 끝이 보이지 않았다. 미군에 의해 자행된 민간인 학살, 마을 파괴행위 등도 하나하나 폭로되었다. 호찌민루트를 차단한다는 명목으로 교전 당사국이 아닌 라오스에 200만 톤의 폭탄을 쏟아부은 사실도 밝혀졌다. 그러는 동안 미군 전사자가 3만 명을 넘어갔다. 미국 내 반전 여론은 더욱 들끓었고, 반전 시위가 전국적으로 확대되었다. 존슨 대통령의 인기가 바닥으로 떨어졌다.

결국 존슨 대통령은 베트남전쟁의 단계적 철군 공약을 내세운 닉슨에게 패해 대통령직에서 물러나야 했다. 닉슨 대통령은 남베트남군을 강화시켜 스스로의 영토를 방어하도록 하고 미국은 단계적으로 철수한다는 '닉슨 독트린'을 발표했다. 도저히 이길 방법도, 이겨야 할 명분도 없는 전쟁에서 패배를 인정하지 않으며 빠져나가겠다는 것이다. 이때 만들어진 말이 '출구 전략'이다.

이 무렵에 호찌민은 전쟁의 끝을 보지 못하고 세상을 떠났다. 하지만 정치적으로 전쟁은 이미 끝난 것이나 마찬가지였다. 호찌민은 개인적으로 축적한 재산이 한 푼도 없었으며, 공연히 무덤을 만드느라 인민의 재산을 낭비하지 말라는 유언을 남겼다.

미군은 베트남 내륙에서 해안 지방으로 옮겨 갔다가 차례차례 본국으로 돌아갔다. 1967년에 38만 명까지 늘어났던 베트남 주둔 미군이 1972년에는 20만 명 이하로 줄어들었다. 마침내 1973년 1월 27일 파리에서 양국 외교장관이 만나 종전과 베트남 평화 복원에 대한 '파리협정'을 체결했다. 전쟁이 공식적으로 끝났다.

이로써 8년간 수많은 인명을 앗아간 베트남전쟁은 사실상 북베트남과 남베트남 민족해방전선(베트콩)의 승리로 막을 내렸다. 중국, 몽골, 일본, 프랑스에 이어 제국의 무덤에 미국이 그 이름을 적어 넣었다.

전쟁의 피해는 엄청났다. 남베트남군은 31만 명, 북베트남군과 베트콩은 110만 명이 전사했다. 미군 전사자 수는 5만 명을 넘었고, 한국군 전사자도 5,000명이 넘었다. 베트남 전체의 민간인 사망자 역시 100만 명을 훨씬 넘는다. 캄보디아, 라오스의 사망자도 수십만 명에 이른다. 인명 피해만 엄청난 것이 아니라 국토의 피해도 엄청났다. 수많은 폭격과 포격으로 산업 시설은 거의 초토화되었고, 허다한 문화 유적이 파괴되었으며, 비옥한 농토와 울창하던 정글도 황폐해졌다.

1975년 3월 10일, 북베트남군은 미군이 완전히 철수한 남베트남에 또다시 침공했다. 남베트남군은 무력했다. 결국 열흘 만에 후에가 함락되었고, 한 달 만에 사이공이 포위되었다. 남베트남의 응우옌 반 티에우 Nguyễn Văn Thiệu 대통령은 미국으로 탈출했다. 그 뒤를 이어 수많은 남베트남 공직자와 부유층이 공포 속에 사이공을 떠났다. 미국 대사관, 대한민국 총영사관도 사이공 철수를 서둘렀다. 4월 30일, 대통령과 주요 공직자, 그리고 미국인과 한국인이 모두 떠나자 북베트남군이 사이공에 진입했다. 이로써 남베트남은 멸망하고 베트남민주공화국으로 베트남이 통일되었다. 이때 사이공이라는 도시 이름도 사라지고 호찌민으로 바뀌었다.

공산화가 휘몰아친
통일 베트남

남베트남을 해방, 합병한 북베트남, 즉 베트남민주공화국 정부는 즉시 남베트남의 공산화 및 사회주의화에 나섰다. 이 과정은 급진적이고 폭력적이었다. 모든 상공업이 국영화되었고, 농촌은 집단농장으로 바뀌었다. 달리 말하면 많은 자영업자가 기업을 빼앗기고 자영농은 농토를 빼앗겼다는 뜻이다.

더 큰 문제는 공산당이 남베트남에 문화혁명을 일으키려 했다는 것이다. 공산당 눈에 남베트남은 프랑스, 미국 제국주의 부르주아 문화에 오염된 지역이었다. 공산당 지도자들은 이 타락한 문화를 뿌리 뽑고 베트남 민족과 사회주의 정신에 기반을 둔 새로운 문화를 심어야 한다는 사명감에 불탔다. 이는 마치 베트남에 중국 문화를 이식해 오랑캐를 교화하려 했던 중국 중화주의자들의 열정을 연상케 한다. 남베트남에서는 북베트남이 그들을 아직 문명화가 덜 된 오랑캐로 여기고 교화하려 드는 것으로 받아들였다.

반발이 매우 거셌다. 심지어 과거 베트콩 출신 인사들조차 반발했다. 하지만 성급한 북부 지도자들은 공산당 간부와 군대를 동원해 사회주의화, 즉 교화를 밀어붙였고, 이 과정에서 많은 사람들이 희생되었다. 돈이 많아서, 땅이 많아서, 또는 과거 남베트남 정부와 관련이 있어서, 미국과 거래한 적이 있어서 등등 갖은 이유로 수많은 사람이 끌려갔다. 이렇게 끌려간 사람들은 노동 수용소에서 죽을 때까지 강제 노동과 사상 교정을 받아야 했는데, 이들 대부분은 특권층이 아니라 평범한 중산층이었다. 가난한 베트남에 특권층이 그렇게 많을 수 없었고, 그나마 그 특권층들은 미군이 철수하기 전에 대부분 베트남을 빠져나갔기 때문이다.

수많은 사람이 언제 닥칠지 모르는 탄압을 피해 망명길에 올랐다. 심지어 이 중에는 과거 베트콩 지도자들도 있었다. 북베트남 정부가 사이공을 함부로 대하는 것에 염증을 느낀 것이다. 150만 명이나 되는 난민들이 미국이나 오스트레일리아로 옮겨 갔다. 이들은 베트남 괴뢰정부인 캄보디아, 라오스를 거쳐야만 하는 육로를 피해 배를 타고 바다로 탈출했다. 번듯한 배가 아니라 나룻배나 다름없는 그런 배다. 이들을 '보트피플'이라 부른다. 이 중 50만 명이 넘는 사람들이 정착할 나라를 찾지 못하고 바다 위에서 목숨을 잃었다.

단 10년 만에 100만 명 넘는 사람들이 무작정 배를 타고 비참하게 떠나야 하는 나라라면, 그보다 훨씬 많은 사람이 이미 살해당하거나 처참한 상황에 빠졌다고 봐야 한다. 그건 어떤 이유로도 미화할 수 없는 폭정이다. 통일, 독립이라는 명분으로 정당화 할 수 있는 일이 아니다.

민족 동일이라고 부를 수 있으려면 서로 생각이 달리 반목했던 사람

나룻배에 몸을 싣고 탈출하는 보트피플

들을 화해시키고 상처를 치유해야 한다. 이긴 편과 생각이 다른 사람들을 도려내듯 죽이거나 몰아낸다면 영토는 하나가 될지언정 그걸 통일이라고 부르긴 어려울 것이다. 베트남전쟁 직후 베트남공산당이 통일보다는 공산화에 우선순위를 두었음은 분명해 보인다. 만약 호찌민이 살아 있었다면 이런 식의 공산화에는 반대했을 것이다.

제 버릇 남 못 주는 베트남의 중화주의

통일 이후 베트남공산당이 저지른 또 다른 실책은 바로 어설픈 중화주의에 다시 사로잡혔다는 점이다. 베트남은 수천 년간 중국과 대등 또는 조공(베트남)–책봉(중국) 관계를 맺고, 다른 동남아시아 나라들에 대해서는 조공(동남아시아 국가들)–책봉(베트남) 관계를 요구하는 이중적 모습을 보여 왔다. 베트남전쟁 이후에도 마찬가지였다. 전근대 시대에는 중국 다음가는 유교 국가 베트남이 오랑캐들을 교화해야 한다고 주장했다면, 베트남전쟁 이후에는 소련 다음가는 사회주의국가 베트남이 동남아시아의 공산혁명을 지도해야 한다는 것으로 바뀌었을 뿐이다.

미국이 물러난 뒤 예상대로 라오스와 캄보디아의 공산화가 도미노처럼 이루어졌다. 라오스의 권력을 잡은 라오인민혁명당은 애초에 호찌민이 만든 인도차이나공산당의 한 분파인 만큼 베트남공산당 라오스 지부나 마찬가지였다. 그런데 이 무렵 캄보디아에서는 중국공산당의 지도를 받는 폴 포트Pol Pot가 자신의 반대 세력뿐만 아니라 정치와 무관한 민간인까지도 대규모로 학살하는 사건(킬링필드)이 발생해 온 세계의 지탄이 쏟아졌다.

베트남은 공산당의 명예를 떨어뜨린 폴 포트를 토벌한다는 명분으로 캄보디아에 침공해 폴 포트 정권을 무너뜨리고 친베트남 정권을 세워놓았다. 하지만 폴 포트의 세력인 급진 좌익 무장 단체 '크메르루즈'는 완전히 박멸되지 않았다. 베트콩이 미국을 향해 그랬듯 크메르루즈는 정글과 산속으로 들어가 끈질기게 저항했고, 어쩔 수 없이 베트남은 캄보디아에 계속 군대를 주둔시켜야 했다.

이는 결국 중국과의 전쟁으로 확대되었다(1979). 중국은 베트남이 무단으로 캄보디아를 침공해 합법적인 정부(친중국 정부)를 무너뜨린 것은 국제법 위반이라며 캄보디아 주둔군 철수를 요구했다. 당연히 베트남은 이를 거부했고, 중국은 캄보디아 해방을 명분 삼아 베트남을 침공했다. 당시 베트남군 주력이 캄보디아에 주둔해 있었기 때문에 베트남 북부는 민병대와 여군이 지키고 있는 상황이었다. 중국은 단숨에 하노이를 점령할 수 있으리라 생각했다. 그러나 착각이었다. 중국은 아무 소득 없이 무수한 전사자와 파괴된 전차만 남기고 철수했다.

미국을 몰아낸 뒤 5년 만에 중국까지 격퇴한 베트남의 중화주의는 하늘을 찔렀다. 라오스와 캄보디아는 사실상 베트남의 위성국가가 되었고 타이, 말레이시아, 필리핀 등 동남아시아의 여러 나라는 자기들도 언제 베트남의 침략을 받을지 몰라 전전긍긍했다. 당시는 동남아시아의 다른 모든 나라가 힘을 합쳐야 겨우 베트남의 상대가 될까 말까 했다. 베트남은 언제든지 부르주아 사상에 찌든 오랑캐들을 마르크스레닌주의로 교화할 준비가 되어 있는 붉은 중화의 나라였다.

공산화에 맞서 등장한 아세안

공산주의와 결합한 베트남의 소중화주의는 역설적으로 동남아시아 여러 국가의 협력을 강화하는 계기가 되었다. 베트남, 라오스, 캄보디아의 공산동맹에 대항하기 위해 동남아시아의 비공산권 국가들이 동맹을 맺었다. 바로 동남아시아 국가연합, 즉 아세안ASEAN이다. 현재는 11개국이 회원국이지만 창설 당시에는 말레이시아, 싱가포르, 인도네시아, 필리핀, 타이 등 반공 성향의 5개국이 회원이었다.

1967년에 설립된 아세안은 1979년에야 활동이 활발해졌다. 다섯 나라 중 말레이시아, 싱가포르, 인도네시아, 이 세 나라는 사이가 좋지 않았고, 필리핀은 지리상 멀리 떨어진 나라였기 때문이다.

그러다 베트남전쟁이 끝나고 미국이 인도차이나반도를 떠나면서 사정이 달라졌다. 공산주의국가 베트남이 동남아시아의 패권 국가로 떠오른 것이다. 베트남의 패권과 공산화라는 이중의 위협에 공동 대처하기 위해 1979년 인도네시아 발리에서 첫 아세안 정상회담이 개최되었다. 아세안이 설립된 지 12년 만이었다.

오늘날 동남아시아의 단결과 위상을 높이고 있는 아세안이 1970년대 이 지역의 또 다른 냉전 체제의 한 갈래로 만들어졌다는 것은 일종의 아이러니다. 더구나 지금은 그 냉전 체제의 반대 축이었던 베트남, 라오스, 캄보디아, 미얀마도 모두 가입해 있다. "정치는 생물이다"라는 격언을 다시 돌아보게 만든다.

도이머이 정책과 베트남의 변신

통일된 베트남은 이후 국민들을 행복하게 만들어 주었을까? 남베트남에는 계획대로 사회주의가 정착되었을까? 의욕은 높았으나 결과는 좋지 않았다.

생산 시설과 기업의 국영화는 가뜩이나 부족한 베트남의 자원을 낭비했다. 더구나 캄보디아 주둔이 길어지면서 계속 지출되는 군비도 부담이 되었다. 또 이로 인해 국제연합UN의 제재를 받아 경제적으로 큰 어려움에 처했다.

강제로 집단농장에 소속된 농민들은 태업(일부러 일을 게을리 함)으로 저항했다. 농업 생산량이 급격하게 떨어졌다. 그런데 사회주의 계획경제 때문에 쌀의 가격이 올라갈 수 없었다. 결국 쌀은 높은 가격에 뒷거래되고, 국영 상점은 텅텅 비어 버렸다. 중화를 자처하던 베트남은 소련의 원조에 의존해 살아가는 아시아 최빈국으로 전락했다.

다행히도 베트남공산당은 중국공산당에 비해 훨씬 유연했다. 마오쩌둥처럼 고집을 부리지 않고 바로 실패를 인정했다. 남베트남 사회주의화를 밀어붙인 지 3년만의 일이다. 집단농장 정책이 폐지되고, 부분적으로 자유시장경제도 도입했다.

하지만 그 정도로는 경제가 살아나지 않았다. 경제가 발전하려면 기술과 자본이 있어야 하는데 전쟁으로 초토화된 베트남에는 그 어느 것도 없었다. 전쟁 전까지 베트남 자본의 70퍼센트를 소유하고 있던 화교는 홍콩, 대만, 싱가포르 등지로 탈출했다. 캄보디아 침공으로 미국의 제재를 받고 있는 상황이라 외국 자본과 기술을 불러들이는 일도 불가능했다. 베트남 경제를 살리기 위해서는 강경한 사회주의 노선 포기, 캄보디아 주둔군 철수, 미국과의 관계 개선이라는 세 가지 어려운 과제, 한마디로 공산주의와 관련한 정책들을 거의 대부분 포기해야 했다.

이를 두고 공산당 내부에서 격론이 벌어졌다. 프랑스와 미국을 물리친 베트남의 영웅 보 응우옌 잡 장군은 명쾌하게 이 논란을 정리했다.

"무엇이 사회주의인가? 인민을 행복하게 해 주면 그게 사회주의다."

마침내 1986년 제12차 공산당회의에서 과감한 쇄신, 즉 도이머이 정책이 발표되었다. 도이머이 정책의 내용은 한마디로 정치적으로는 공산주의 체제를 유지하되, 경제적으로는 계획경제를 포기하고 시장경제 즉 자본주의를 도입한다는 것이었다.

이와 동시에 베트남은 적극적으로 미국과의 관계 개선에 나섰다. 전쟁의 책임을 따지지 않았고 전쟁 피해 보상도, 전범 재판도, 진심 어린 사과도 요구하지 않았다. 오히려 미군 포로와 전사자 유해를 자발적으로 송환하는 등 미국을 열심히 달랬다. 캄보디아 주둔군도 철수시켰다. 캄보디아의 친베트남 정권이 무너졌지만 전혀 개입하지 않았다. 국익을 위해서라면 어제의 일에 연연하지 않겠다는 대담한 모습이다.

마침내 베트남은 1991년 중국, 1992년 대한민국, 1995년 미국과 국교를 정상화했다. 가장 오랫동안 싸웠던 적국, 가장 잔혹했던 적국, 가장 많은 베트남인을 죽인 적국과 차례차례 수교한 것이다. 미국은 베트남에 가했던 모든 경제제재를 해제했다.

이로써 베트남은 세계 자본주의 질서의 한 축이 되었다. 심지어 지금 베트남은 동남아시아에서 가장 친미적인 나라가 되어 있다. 1995년부터 아세안 회원국이 되기도 했다.

　미국과의 국교가 정상화되고 아세안에 가입한 1995년 이후 베트남의 발전 속도는 눈부셨다. 1986년에 도이머이 정책을 처음 실시하던 시점으로부터 30여 년이 지난 지금 베트남의 국민소득은 무려 열네 배로 늘어났다. 지금도 경제성장률은 해마다 6~9퍼센트를 기록해 1996년에는 9.3퍼센트의 성장률을 보였고 2017년까지도 6.8퍼센트의 높은 성장률을 기록했다. 이제는 베트남 경제에 대해 누구도 비관하지 않는다.

베트남에서
조심해야 할 것들 3

● **과거사**

프랑스, 미국, 일본, 한국의 공통점은? 베트남과 전쟁을 했던 국가들이다. 하지만 베트남 사람들은 굳이 그 역사를 드러내지 않는다. 상대 국가 사람들이 미안하다고 말하는 것 역시 별로 좋아하지 않는다. 자존심 강한 이 나라 사람들은 과거를 쿨하게 지난 일로 돌려 버린다. 과거사에 대한 사과를 받기보다는 앞으로 승리함으로써 그것을 돌려 받겠다는 의지가 느껴지기도 해 때로는 오싹하기도 하다. 현재 베트남은 동남아시아에서 가장 친미적인 나라다. 그 역사적인 전쟁을 치르고도, 그 수많은 만행을 겪고도.

과거사에 대해 어떻게 생각하느냐, 미국인을 보면 어떤 생각이 드느냐 따위의 우문에 대해 베트남 사람들은 "그거야 지금 살고 있는 미국 사람들이 한 일이 아니잖아요?"라는 현답을 하곤 한다. 그럼 한국인은? 한국군이 베트남전쟁에서 미국 이상으로 잔혹한 행위를 많이 했다는 사실은 우리도 알고 그들도 안다. 하지만 오늘날 베트남 사람들은 현재의 한국 사람들을 무척 좋아한다. 자기들이 좋다는데 괜히 "우리들이 한 나쁜 짓을 용서해 줘"라고 오버할 필요 없다. 지금의 베트남 사람들에게 지금의 한국은 '박항서'의 한국이다.

● **중국**

베트남 사람들의 반중 정서는 생각보다 훨씬 강하다. 그 정서는 아직까지도 남아 있지만 굳이 드러내지는 않는다. 중국 관광객이 많이 오고, 중국 자본이 많이 유입되고 있으니 구태여 손해 볼 짓은 하지 않겠다는 것이다. 하지만 일상생활에서는 다르다.

베트남 사람들 앞에서 중국을 높이 평가하거나 중국 편을 드는 발언은 금물이다. 간혹 남중국해 등에서 중국과 분쟁이 생기면 베트남 현지 중국인들은 집 밖에 나가지도 못할 정도라고 한다. 그냥 중국에 대해서는 말 안하는 것이 좋다.

● 크리스트교
베트남 사람들은 프랑스와 친불파의 만행 때문에 크리스트교를 그리 좋아하지 않는다. 그건 천주교고 나는 기독교야, 이런 어리석은 생각은 하지 말자. 서양의 식민 통치에 시달렸던 나라들에게 그 차이는 아무 의미 없다. 불교에 적대적인 골수 개신교도가 대승불교와 소승불교를 구별하지 않는 것처럼. 그렇다고 크리스트교 신자를 완전히 배척하는 건 아니다. 종교는 각자의 것이다. 굳이 자신의 종교를 드러내 보이며 강요하거나 권유하지 않는 것이 좋다.

● 노인 공경
같은 유교 사회지만 노인을 공경하는 문화가 우리보다 훨씬 강하다. 기차나 버스에서 노인에게 자리를 양보하지 않으면 승무원이 와서 일으켜 세우는 경우까지 있다. 노인들이 말도 안 되는 소리를 하며 고집을 부려도 큰 손해가 아니면 젊은 사람들이 "네, 네" 하고 받아 준다. 악착같이 시비 따지지 말자.

아는 만큼 기대되는,

베트남의
미래

날개가 되어 줄
희망

베트남은 정말 더 멀리 더 높이 갈 수 있을까? 그래서 과거 다이비엣이라 불리던 시대의 위상을 되찾을 수 있을까? 베트남에게는 충분히 이를 실현할 장점들이 있다.

인구와 노동력

2019년 기준 베트남의 인구는 9,700만 명을 넘는다(세계 15위). 향후 5년 이내에 1억 명을 넘길 것이다. 중국이나 인도처럼 엄청난 인구 대국은 아니지만 충분히 내수 시장을 일굴 수 있는 인구 규모다. 게다가 중위 연령이 39세에 불과할 정도로 젊다. 전체 인구의 절반 이상이 사십 대 이하라는 뜻이다. 그러니 생산 가능 인구가 우리나라 전체 인구보다 많다.

단지 인구만 많은 것이 아니다. 인구의 질이 높다. 높은 교육열과 근면한 국민성 덕분이다. 그래서 다른 동남아시아는 물론 중국과 비교하더라도 베트남 노동자들은 업무 이해 능력, 의사소통 능력, 근무 집중도 등

이 월등히 높다고 한다. 외국 기업들이 베트남에 진출하는 이유는 단지 저렴한 임금 때문이 아니다. 베트남보다 임금이 더 싸고 인구가 많은 나라는 지구상에 얼마든지 있다. 하지만 잘 교육받고 성실한 노동자를 베트남만큼 저렴한 임금으로 구할 수 있는 나라는 없다.

안정된 정치와 사회

공산주의에서 시장경제로 넘어온 국가들은 대체로 사회가 불안정하다. 러시아가 그랬고, 동유럽이 그랬다. 중국은 좀 나은 편이지만 그렇다고 안심할 수 있을 만큼 안정적이지는 않다. 그런 점에서 베트남은 매우 독보적이다. 베트남은 사회 질서가 잘 잡혀 있으며 정치적 혼란도 많지 않았다. 계획경제, 집산주의 실험도 부작용이 나타나자 3년 만에 철회할 정도로 유연성도 있다.

중국공산당만 해도 덩샤오핑의 개혁, 개방정책이 자리 잡을 때까지 수많은 권력투쟁과 내분이 있었지만, 베트남공산당은 그런 문제에서 한결 자유롭다. 비록 1당 독재지만 그 당을 다시 한 사람이 다스리는 1인 독재가 아니기 때문이다. 중국, 러시아, 북한은 엄밀히 말하면 1당 독재가 아니라 1인 독재국가다. 이런 나라는 견제받지 않는 권력자의 성향에 따라 나라가 이리저리 휘청거릴 수 있다.

애초에 호찌민이 마오쩌둥이나 스탈린에 비해 한결 유연한 지도자였기에 첫 단추를 잘 끼웠다고 볼 수 있다. 게다가 그 호찌민마저 베트남전쟁이 한창이던 중에 세상을 떠났기 때문에 통일 이후 베트남에는 자연스럽게 집단지도체제가 정착되었다. 지금도 공산당 총비서, 국가주석, 총리가 교묘하게 권력을 분점하고 있어 어느 한 방향으로 권력이 쏠리는 일을 막는다.

이런 안정적인 정치와 사회는 외국 투자자들에게 상당히 중요한 플러스 요인이다. 장기적인 계획을 가지고 투자하는 것이 가능하기 때문이다. 베트남 역시 단기적으로 저임금을 노리고 들어오는 외국자본보다 장기적으로 함께 성장할 수 있는 비전을 가진 기업을 유치하기 위해 많은 애를 쓰고 있다.

풍부한 자원

베트남은 인구만 많은 게 아니라 자원도 풍부하다. 아시아의 작은 브라질이라 불릴 정도다. 석탄, 보크사이트, 석회석, 니켈, 망간 등 광물자원이 풍부하고, 세계적인 고무 산지이자 무연탄 생산국이기도 하다. 심지어 유전도 있으며 천연가스도 나온다.

비옥한 메콩강 삼각주, 홍강 삼각주에서 나오는 식량 자원도 엄청나다. 1년에 쌀농사를 두 번 짓는 2기작은 기본이며, 메콩강 삼각주에서는 3기작도 가능하다. 그러니 1억 명에 가까운 인구가 다 먹고도 쌀이 남아 연간 700만 톤의 쌀을 수출한다. 이는 인도, 타이에 이어 세계에서 세 번째로 많은 수출량이다. 커피 재배도 성행해 브라질에 이은 세계 2위의 커피 수출국이기도 하다. 1차산업이든, 2차산업이든 다 잘될 수 있는 조건이 갖춰져 있는 셈이다. 인구 대비 자원 보유에서 중국보다 훨씬 앞선다.

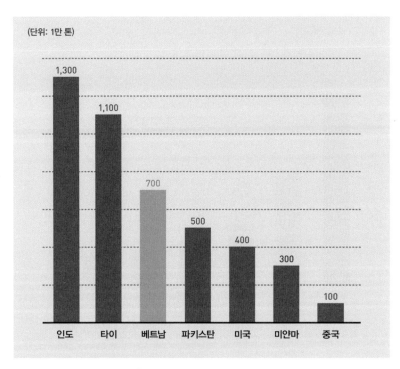

(단위: 1만 톤)

1,300 인도
1,100 타이
700 베트남
500 파키스탄
400 미국
300 미얀마
100 중국

전 세계 주요 쌀 생산국과 쌀 수출량(2018~2019)

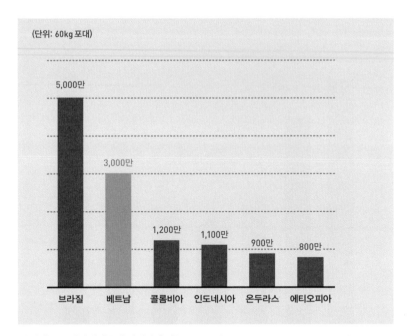

(단위: 60kg 포대)

5,000만 브라질
3,000만 베트남
1,200만 콜롬비아
1,100만 인도네시아
900만 온두라스
800만 에티오피아

전 세계 주요 커피 생산국과 커피 수출량(2017~2018)

반드시 극복해야 할
난관

앞서 살펴본 바로는 베트남이 10년 안에 우리나라는 물론 일본까지 따라잡을 수 있을 것만 같다. 하지만 베트남의 미래를 무조건 낙관만 하기 어려운 면들도 있다. 더 큰 발전을 위해 베트남이 반드시 극복해야 할 난관들이다.

부족한 산업 인프라

베트남은 중국보다 8년 늦게 개혁·개방정책을 실시했다. 하지만 중국과의 격차는 8년이 아니라 거의 80년에 가까웠다. 중국은 저개발국 상태에서 개혁·개방정책을 실시했지만, 베트남은 저개발 수준이 아니라 미개발 상태에서 출발해야 했다. 1954년부터 20년이나 계속된 전쟁으로 전 국토가 폐허나 마찬가지였기 때문이다.

도로, 철도, 항만, 공항, 통신망 등 어느 하나 제대로 갖추어진 것 없는 상태에서 출발하다 보니 30년이 지난 지금도 생활 인프라(사회적 기반시설·제도)가 턱없이 부족하다. 하노이에서 호찌민까지 1,700킬로미터의 거리를 기차로 무려 34시간이나 달려야 할 정도로 교통망이 뒤떨어져 있다. 최대 도시인 하노이, 호찌민에는 아직 변변한 지하철도 없다. 오토바이와 자동차는 급격히 늘어났지만 도로가 이를 감당하지 못해 대도시에서는 택시를 타고 가는 것보다 걸어가는 게 더 빠를 정도다. 물론 베트남 정부는 2030년까지 생활 인프라를 획기적으로 개선하는 장기 투자 계획을 수립하고 있다.

부패

비효율적인 관료주의, 그리고 여기서 비롯된 각종 부정부패는 공산주의 국가, 정확히 말하면 공산당이 지배하는 국가의 공통된 문제점이다. 공산주의 국가는 시장을 개방하더라도 여전히 이런저런 규제를 통해 당이 경제에 간섭을 하려 든다. 그러니 자연스럽게 기업과 공산당 사이에서 각종 인허가 업무를 담당하는 관료들이 사업의 성패를 결정하는 위치에 서게 된다.

베트남 정부도 이런 문제를 알고 있기 때문에 부정부패에 대해 강력한 처벌을 하지만 워낙 사회 곳곳에 크고 작은 규모의 뇌물이 만연해 있어 일일이 적발하기도 어려운 실정이다. 심지어 기업이 신속한 업무 처리를 위해 공무원에게 바치는 소액 뇌물은 처음부터 아예 사업 예산으로 포함되기도 한다. 물론 이는 다른 공산당 치하의 나라들에도 해당하는 문제일 뿐이며, 당장 중국과 비교해 보면 베트남은 그나마 나은 편이다. 큰 부패는 거의 잡혔지만 소소한 부패가 아직 근절되지 않은 것이다.

빈부격차

공산주의 계획경제가 자본주의 시장경제로 바뀌면서 소득수준이

위: 화려한 호찌민의 야경
아래: 빈곤한 메콩강 유역의 수상가옥

크게 향상되긴 했지만 그 과실이 모두에게 골고루 돌아간 것은 아니다. 베트남 역시 자본주의의 가장 큰 약점인 경제적 불평등을 피해 갈 수 없었다. 특히 도이머이 정책 이후 투자되는 외국자본들이 호찌민을 중심으로 한 남부 지방에 집중되었기 때문에 다른 지역들, 특히 농촌과의 격차가 매우 크다. 당장 수도인 하노이만 해도 호찌민보다 평균 소득이 절반 정도에 불과한 실정이다.

앞의 사진에서 보는 것과 같은 화려한 야경은 호찌민, 하노이 이외의 도시에서는 거의 찾아보기 어렵다. 이 두 도시를 비롯해 최근 한국 기업들이 많이 진출한 다낭 정도에 베트남의 부가 거의 편중되어 있다. 많은 베트남 여성이 우리나라나 대만으로 결혼 이민을 떠나 사회문제가 되기도 했는데, 그들 중 대다수가 농어촌 출신이다.

중국

중국은 베트남 사람들에게 '천년의 적수'로 불린다. 중국과의 전쟁사를 기록하다 보면 그 자체로 베트남 역사가 될 만큼 두 나라는 수많은 전쟁을 치렀다. 베트남전쟁이 끝나고 탈출한 보트피플 중 대다수가 화교였던 것 역시 우연이 아니다. 1979년과 2016년에도 까딱하면 전쟁이 날 뻔했다.

지금도 중국과 베트남은 미묘한 대립 관계에 있다. 우선 외국 기업과 자본을 유치하는 상황에서 경쟁적인 위치에 있다. 더구나 베트남의 노동력은 중국보다 지식, 규율, 근면성에서 앞서고, 정부의 규제 역시 중국보다 적으며 정치적, 사회적으로도 안정적이기 때문에 많은 다국적기업이 중국에 있는 공장을 베트남으로 옮기는 추세다. 코트라KOTRA(대한무역투자진흥공사)가 2016년에 조사한 〈국제통상 환경 변화와 글로벌 생산 기지 변화 동향〉 보고서에 따르면 27개 글로벌 기업의 공장 이전 및 이전 추진 계획에서 생산 기지 유입이 가장 많은 나라는 베트남이며, 유출이 가장 많은 나라는 중국이었다.

당연히 중국은 이런 상황을 민감하게 받아들인다. 더구나 베트남으로 생산 기지를 옮기는 기업들 중에 중국 기업도 적지 않다. 베트남도 중국이 라오스, 캄보디아, 말레이시아 등에 세력을 확장하는 이른바 일대일로一帶一路, One belt One road를 예의 주시하고 있다.

2018년 미국이 중국에 가한 무역 제재는 기존의 패권 국가가 잠재적 도전자를 얼마나 강하게 견제할 수 있는지 보여 주었다. 중국 역시 떠오르는 베트남을 그냥 두고 보지만은 않을 것이다.

베트남에서
조심해야 할 것들 4

● 불편한 대중 교통

베트남은 대중교통 수단이 열악하다. 수도인 하노이에도 전철이 없고, 최대 도시인 호찌민에 이제 겨우 전철이 도입되고 있는 수준이다. 따라서 대부분의 시민은 각자 스쿠터를 가지고 다니는데, 교통신호를 거의 지키지 않아 걸핏하면 도로가 스쿠터와 승용차로 뒤엉켜 마비되기 일쑤다. 보행자는 이 아수라장 속에서 적당히 눈치 보며 길을 건너야 한다. 도시와 도시를 연결하는 교통수단은 더 심각해 하노이와 호찌민을 연결하는 열차가 하루에 네 번뿐이며, 1,700킬로미터를 34시간에 걸쳐 이동해야 할 정도로 속도도 느리다. 기차보다 국내선 항공기가 오히려 더 자주 다닐 정도다.

● 초대

베트남 사람들은 가족 중심적이라 자기네 집에 남을 초대하는 경우가 많지 않다. 그런데 집에 초대했다면 이건 정말 큰맘 먹고 한 것이다. 그러니 초대의 거절은 매우 민망한 상황이며 심하면 이를 모욕으로 느낄 수도 있다. 그러니 만약 선약이 있다면 일정을 조정하려고 노력하는 모습이라도 보이자. 가능하면 선약을 조정하고, 아니면 전화를 여기저기 걸며 곤란한 모습이라도 보여 주어야 한다.

● 흥정

베트남은 수천 년 전부터 인도 문화권과 중화 문화권의 교역로였다. 천생 상인의 민족이라, 좋게 말하면 장사에 능하고 나쁘게 말하면 약삭빠르다. 판매하는 상품의 원가가 아니라 구매하는 사람이 지불 의도를 파악해 가격을 부른다. 그러니 아무리 물가가 싸도 상대가 선진국 사람이면 일단 그 나라 물가 기준에서 싸다고 생각할 수준의 가격을 부른다. 한때는 음식점의 현지어 메뉴판과 외국어 메뉴판에 표시된 가격이 다른 경우도 흔했다. 흥정을 하든가 이게 피곤하면 좀 비싸더라도 정찰제 매장을 이용하는 것이 속 편하다.

● 좀도둑

동남아시아에서 베트남이 가장 안전한 나라라는 각종 여행 안내서의 소개는 유럽인이나 미국인의 시선에서 그런 것이다. 상대적으로 좋다는 것이지 일본이나 대만 수준을 기대하면 안 된다. 더구나 우리나라 역시 일본, 대만과 비슷한 수준의 치안을 자랑하는 나라. 그러니 우리 기준에서 베트남의 치안은 때로 엉망진창으로 보이기도 한다. 하지만 우리만큼은 아니어도 세계 전체로 보면 베트남의 치안은 확실히 좋다. 외국 관광객이 위험에 처할 상황도 거의 없다. 다만 택시 기사의 요금 속이기, 소매치기 등은 조심해야 한다. 사실 우리나라처럼 카페에서 테이블 위에 가방을 두고 화장실에 다녀와도 되는 나라는 세계적으로도 매우 드물다.

참고 도서

베트남에 대한 제법 많은 책이 있지만 대부분 여행 안내서이거나 투자, 창업에 대한 책들이라 베트남의 이모저모를 처음 배우는 청소년에게는 적절하지 않다. 아래 책들은 베트남에 대해 꼭 알아야 할 것들을 비교적 상세하면서도 쉽게 소개하고 있다.

- 《베트남 투자, 창업자들이 반드시 알아야 할 베트남 법》, 김유호, 도서출판 참, 2018.
- 《세계를 읽다, 베트남》, 벤 엔겔바흐, 김아림 옮김, 도서출판 가지, 2018.
- 《투자실무가이드 베트남》, KOTRA 편집부 엮음, 대한무역투자진흥공사, 2018.
- 《베트남의 역사》, 유인선, 이산, 2018.
- 《동남아의 역사와 문화》, 매리 하이듀즈, 박장식·김동엽 옮김, 솔과학, 2012.
- 《천년전쟁》, 오정환, 종문화사, 2017.

사진 출처

- 85쪽 ©Francesco Paroni Sterbini
- 100쪽 아래 ©Liftold at vi.wikipedia
- 138쪽 ©연합뉴스
- 161쪽 위 ©Diego Delso

반전이 있는 베트남사

초판 1쇄 발행 2019년 6월 17일
초판 2쇄 발행 2021년 5월 20일

지은이 권재원

펴낸이 김한청
기획편집 원경은 박윤아 차언조 양희우
마케팅 최지애 설채린 권희
디자인 김지혜
경영전략 최원준

펴낸곳 도서출판 다른
출판등록 2004년 9월 2일 제2013-000194호
주소 서울시 마포구 동교로27길 3-12 N빌딩 2층
전화 02-3143-6478 **팩스** 02-3143-6479 **이메일** khc15968@hanmail.net
블로그 blog.naver.com/darun_pub **페이스북** /darunpublishers

ISBN 979-11-5633-249-7 43910